진화하는
매체

진화하는 매체
인공 지능 시대, 인간다운 언어 능력 기르기

초판 1쇄 발행 2025년 10월 18일

지은이 | 주세형·박지윤·편지윤

펴낸이 | 김연우
펴낸곳 | (주)태학사
등   록 | 제406-2020-000008호
주   소 | 경기도 파주시 광인사길 217
전   화 | 031-955-7580
전   송 | 031-955-0910
전자우편 | thspub@daum.net
홈페이지 | www.thaehaksa.com

편   집 | 조윤형 여미숙 김태훈
마케팅 | 김민선
경영지원 | 김영지

ⓒ 주세형·박지윤·편지윤, 2025. Printed in Korea.

이 책에 직간접적으로 게재를 허락해 주신 모든 분께 감사드립니다.
저작권자와 연락이 닿지 않아 부득이 허가를 구하지 못한 일부 자료에 대해서는
연락 주시는 대로 적법한 절차를 따르겠습니다.

값 11,000원

ISBN 979-11-6810-384-9 (04710)
       979-11-6810-387-0 (세트)

책임편집 | 조윤형
디자인 | 지소영

'개념' 있는 국어 생활 5

진화하는
매체

인공 지능 시대,
인간다운 언어 능력 기르기

주세형·박지윤·편지윤 지음

태학사

'개념 있는 국어 생활' 기획의 말

학회의 성장은 학문의 성장을 동반하게 마련입니다. 최초·최고·최대의 학술 단체인 한국어교육학회가 창립 70주년을 맞는 이 시점에서, 우리는 그 성장의 결실을 가시적으로 확인할 필요가 있다는 데 뜻을 같이했습니다. 이에 국어 교육학계를 이끌어 갈 차세대 국어 교육학자들과 국어 교육의 현장을 선도하는 교사들을 중심으로 학문적 성과를 결산해 보기로 했습니다. 다만 빛나는 연구 성과를 정리하는 수준이 아니라 '그 성과가 교실에서 이용利用될 수 있도록 해야 한다', 그리고 '교실 안에만 머물러 있는 것이 아니라 교문 밖 모든 삶의 현장에서 언어 사용자인 시민들의 후생厚生에도 기여해야 마땅하다'고 생각했습니다.

그리하여 학회에서는 국어과 교육 과정사에서 가장 중요한 항존恒存 개념 20개를 선별했고, 젊은 연구자와 교사들에게

임무를 부여하여 손에 쏙 들어오는 20권의 책을 학회 창립 70주년이 되는 올해부터 출간하기 시작하여 내년까지 완간하기로 했습니다. 필진이 젊다는 것은 시각이 신선하다는 뜻으로, 책의 분량이 적다는 것은 정보의 응집도가 높다는 뜻으로 이해해 주기를 바랍니다.

한국어교육학회의 위상에 걸맞게 빛나는 결실을 맺어 주신 필자 여러분은 국어 교육학계의 믿음직한 미래임을 증명해 주셨습니다. 이 시리즈가 원활히 출간되도록 필자와 출판사 사이의 중간 다리 역할을 맡아 노심초사 알뜰히 챙겨 준 양수연 박사님의 노고도 잊을 수 없습니다. 이 시리즈의 간행을 흔쾌히 맡아 주신 태학사 김연우 대표님, 심혈을 기울여 책을 만들어 주신 조윤형 주간님에게도 감사의 마음을 전합니다.

부디 이 책들이 예비 교사들에게는 개념들의 윤곽을 보여 주고, 현장 교사들에게는 교수 학습과 평가의 설계에 영감을 주며, 일반 시민들에게는 품격 있는 언어 생활의 지침서가 되기를 바랍니다.

한국어교육학회 창립 70주년 기념
'개념 있는 국어 생활' 간행위원회 위원장 주세형
한국어교육학회 제38대 회장 류수열

머리말

    인간의 삶은 다양한 매체와 떼려야 뗄 수 없는 관계 속에 놓여 있다. 아침마다 스마트폰으로 뉴스를 확인하고, 드라마와 영화를 스트리밍하며, 인공 지능이 추천하는 맞춤형 정보를 활용하는 일은 이미 일상이 되었다. 물론 디지털 매체만이 매체인 것은 아니다. 종이책, 라디오, 텔레비전, 인쇄 신문 등 인간의 의사소통을 매개해 온 모든 것이 매체이다. 이러한 점에서 매체는 국어 교육의 항존적恒存的 개념이 아닐 수 없다. 모든 언어 활동은 어떤 형태로든 매체를 통해 이루어지기 때문이다. 그럼에도 불구하고 '국어 교육에서 매체를 어떻게 이야기할 것인가?'라는 질문은 여전히 중요한 화두이다. 기술 발전에 따라 매체는 끊임없이 진화하고 있으며, 이에 따라 언어와 텍스트의 양상, 이를 매개로 한 의사소통 방식과 문화가 계속해서 달라지고 있기 때문이다. 따라서 국어 교육에서 매체를 논의하는 일은 선택이 아닌 필수적인 과제라 할 수 있다.

사실 매체 교육은 사회 교육, 컴퓨터 교육, 도서관 교육, 미술 교육 등 여러 교육 분야에서 폭넓게 다루어져 왔다. 그러나 국어 교육에서 매체를 강조하는 까닭은 단순히 매체 활용 기술을 익히는 데 있지 않다. 언어를 배우고 활용하는 과정 자체가 곧 매체를 통해 구현되기 때문이다. 국어 교육에서 매체는 주변적 주제가 아니라, 언어 능력을 이해하고 가르치는 핵심 주제이다.

이 책은 이러한 문제의식을 바탕으로 세 부분으로 구성되었다. 1장에서는 '책과 문자 언어가 유일한 매체인가?'라는 근본적 물음을 출발점으로 삼아, 국어 교육의 본질로서 매체의 위상과 의미를 탐구한다. 2장에서는 매체가 진화함에 따라 변화하는 읽기의 양상과 확장된 지평을 다룬다. 3장에서는 새로운 매체 환경이 글쓰기의 구조와 형식을 어떻게 재구성해 왔는지를 분석한다.

이 책은 한국어교육학회 창립 70주년을 기념하여, 국어 교육에서 항존적 개념으로 다루어 온 20가지의 키워드 가운데 하나로 기획되었다. 뜻깊은 작업의 기회를 마련해 주신 한국어교육학회에 진심으로 감사드린다.

인공 지능 시대를 살아가는 우리는 다양한 매체를 통해

언어 활동을 이어 가고 있다. 언어 활동은 인간다움을 특징짓는 본질적 기제이며, 이를 매개하는 매체를 깊이 이해하는 일은 곧 인간 역량을 기르는 중요한 교육적 토대가 된다. 이 책이 매체를 바라보는 국어 교육의 관점을 안내하고, 진화하는 매체 환경 속에서 인간다운 언어 능력을 기르기 위한 교육적 논의의 든든한 기반이 되기를 기대한다.

2025년 10월

저자 일동

차례

'개념 있는 국어 생활' 기획의 말 • 주세형·류수열   4
머리말   6

Class 1. 매체, 국어 교육의 본질

국어 교육에서 매체를 다루는 이유는 무엇일까?   15
문자 언어와 책, 과연 가장 우월한 매체일까?   21
초등학교 수학에서 분수를 배우는 게 국어 교육적 이유라고?   30
선물을 주고받는 것도 국어 교육의 내용이라니?   35
기사문의 전형성을 바꾸어 버린 매체의 변화
  – 신문 기사야, 소설이야?   39
과거의 은행 광고, 최근의 광고와는 무엇이 다를까?   45

Class 2. 매체와 함께 진화하는 읽기
'매체 읽기'에서 '매체 너머의 읽기'까지

매체는 현실을 '있는 그대로', '객관적으로' 보여 주는 거울일까?	51
드라마는 보는 것일까, 읽는 것일까?	59
매체와 함께 '읽기'도 진화한다!	69
요즘 아이들이 배우는 읽기는 다르다? (1)	
– 얕고 넓게 읽는 것이 때로는 미덕일 수 있다!	76
요즘 아이들이 배우는 읽기는 다르다? (2)	
– 텍스트 너머의 알고리즘까지도 읽어야 한다!	83

Class 3. 매체와 함께 진화하는 쓰기
'매체 쓰기'에서 '매체 너머의 쓰기'까지

쐐기 문자가 디지털 기록 매체의 시초라고?	93
하이퍼링크는 글쓰기 구조를 어떻게 바꿨을까?	101
썸네일이 본문보다 중요해졌다!	109
누가 작가이고, 누가 독자일까?	121
인공 지능과 매체 글쓰기 – 창의적 도구인가, 윤리적 과제인가?	128

주註	133
참고 문헌	138

Class 1.

**매체,
국어 교육의 본질**

국어 교육에서 매체를 다루는 이유는 무엇일까?

요즘 국어 교과서를 펴 보면, 초등학교는 물론이고 고등학교 교과서에서도 너무나 다양한 자료를 다루고 있음을 알 수 있다. 그림, 만화가 본격적인 제재로 등장하는 것은 물론이고 영화 클립까지 볼 수 있다. 앞으로는 동영상이 수록된 교과서를 만나게 될지도 모른다.

시나 소설, 설명문이 가득했던 국어 교과서가 대체 언제부터 이렇게 변했을까? 국어 교과서가 이렇게 만들어져도 되는 건가?

국어 교육학계에서는 1990년대 중후반부터 본격적으로 테크놀로지의 변화로 인한 매체 다양화, 그로 인한 국어 교육

현상의 변화, 문식성의 변화 등을 연구하며 국어 교육 현장에 반영하려는 노력을 해 왔다. 그러나 이러한 혁신적 노력에 대해 당시 다른 교과(특히 사회과)에서는, 왜 국어과가 굳이 '언어' 문제가 아닌 문제까지 확장하여 국어과 교육 내용으로 다루려고 하는지 의문을 제기하곤 했다.

그러나 국어과는 무리하게 욕심을 낸 것이 아니다. 실은 해방 이후 지금까지 국어과 교육 과정에서 '매체'는 늘 핵심 내용이었다(다음 박스 글 참조). 매체media, medium란 의사소통 상황에서 발신자와 수신자의 머릿속을 '매개하는 수단'이기 때문이다. '매체'는 내내 국어과 교육의 '핵심'이었고, 이러한 사실은 국어과 교육 과정사 내내 변함없는 기본 전제였던 것이다.

〈자소 식별이 읽기 능력과 관련된 경우〉

① 6차 1-1 읽기

□ 같은 낱말끼리 이어 봅시다.

나　　　　너
우리　　　아기

너	나
아기	우리

② 5차 1-1 읽기 9 대단원 p.68

□ 글자를 바르게 읽어 봅시다.

(ㅐ)	(ㅔ)
개미	게
재미	베개

(ㅟ)	(ㅙ)
뒤	왜
뛰어가서	돼지

가장 기본적으로, 초등학교에서 전통적으로 다루어 온 '매체 식별 교육 내용'이 있다. '그림 - 문자', '그림-언어', '글-말' 등의 관계 인식을 최종적 학습 목표로 하는 내용 또는 이를 내용으로 하여 상위 학습 목표에 도달하고자 하는 교육 내용이 그것이다. 그 내용 요소의 공통점은 '언어의 기호적 특징'을 인식하도록 하는 것으로 압축할 수 있다. '매체 식별 교육 내용'은 비록 교육 과정이 개정되면서 그 양상이 다채롭게 변화했으나, 초등 1학년 국어 교과서

> 에 빠짐없이 등장하는 내용 요소이다. 이들은 전통적인 '정서법 교육', '글자 익히기 교육', '음성 언어와 문자 언어의 교육', '맞춤법의 원리를 위한 교육'이라는 차원에서만 논의되었다는 특징을 지닌다.[1]

여기에서 짚고 넘어가야 할 '국어 교육'의 본질이 있다. 국어 교육은 소통 현상을 다루는 교과목이지 '언어 그 자체'를 다루는 교과목이 아니다. 그리고 국어 교육에서는 인간의 소통에서 가장 중요한, 오래된 매체는 '언어'이기 때문에 언어를 중심으로 교육 내용을 구성해 왔을 뿐이다.

그런데, 특히 테크놀로지가 급격히 발달함에 따라 매체 역시 변화할 수밖에 없었고, 이러한 매체 변화는 다시 의사소통 방식과 텍스트에 급격한 변화를 추동했다. 이제 사람들은 '언어'를 넘어 이미지, 소리, 동작 등 다양한 기호가 복합적으로 작용하는 복합 양식적 텍스트로 소통하고 있다. 그 결과 '언어 이외에도 인간 소통을 매개하는 모든 매체'가 많은 비중으로 다루어져야 한다고 생각하게 된 것이다. 만화, 동영상 광고, 영화, 뮤직비디오, 웹툰 이 모든 것은 바로 대한민국 국어 교육에서 다루어야 할 교육 내용, 즉 '매체 교육 내용'이다.

텍스트의 변화는 텍스트를 이해하고 생산하는 능력과 깊이 관련되는 문식성文識性, literacy 개념에도 큰 변화를 요구했는데, 신문식성New literacies이란 이러한 의사소통 방식과 텍스트의 변화를 반영하고, 문식성에 대한 사회 문화적 관점을 반영한 개념이다. 신문식성은 '언어를 중심으로 다양한 기호 체계를 이해하고 조작하며, 기호 작용에 대한 인식을 바탕으로 텍스트를 비판하고 디자인하며 유통하는 실천적 힘'으로 정의된다. 국어과 교육과정에서는 문자 언어 중심적

> ★ **사회 기호학**(Social Semiotics)
> 일찍이 소쉬르가 언어학은 인간 사회를 설명하는 기호학의 일종이어야 한다고 한 이래, 현대에서 논의되는 기호 체계는 언어, 시각, 청각, 동작, 공간 등 다섯 가지 유형으로 구성된다. 이에 더 나아가 사회 기호학(Social Semoitics)은 인간이 의미화하는 과정을 사회적 관행(social practice)으로 보고 이를 사회 문화적 환경을 종합적으로 고려하여 탐색하는 관점이다. 체계 기능 언어학자인 할리데이가 기존의 언어학을 비판하면서 언어학은 언어와 사회를 분리하는 모델이 아닌 '사회 기호학적'인 모델을 견지해야 한다고 주장한 이후, 언어학 및 언어 교육에 엄청난 영향을 주었다. 이 관점으로 인해 국어과 교육 과정에서는 문자 언어 중심의 언어관을 크게 벗어나 복합 문식성으로 확장하고, 사회 문화 및 이데올로기를 고려한 비판적 문식성을 중시하게 되었으며, 문학 및 매체 영역에 대한 전환적 인식을 가져왔다.

사고에서 탈피하여 다양한 기호 체계와 그것의 기호화 작용을 탐구하고 다룰 수 있는 **기호학**★적 관점을 도입하여 교육하고 있다.

결론적으로 국어 교육에서의 매체 교육이란, 매체에 대

한 이해와 활용에 초점이 있다기보다는, 매체를 사용하고 해석하기 위해 요구되는 지식, 기능, 능력을 본질로 하고 있다. 그러므로 미시적 기호 의미 작용에 대한 교육은 물론이고, 매체의 사회적 기능, 비판적 의식까지 모두 국어 교육의 내용에 포괄된다.

66 문자 언어와 책, 과연 가장 우월한 매체일까?

구술성에서 문자성으로 전환, 그리고 나아가서 전자 시대로의 전환은 결국 구술 문화와 문자 문화의 사이에 있는 '정신 구조mentality'의 차이에 관한 것이다.

> 언어 양식이 텍스트로 실현되는 과정에서 인간의 경험과 정보를 일정한 형식으로 조직하는 기술적이고 사회적인 방식 - 매체는 단순한 기술이 아니라 인간의 경험과 정보를 입력하는 특수한 구조[2]

'매체'의 개념이 위와 같이 정의된다면 '책' 역시 대표적인 매체이다. 촘촘한 문자로 가득한 책을 끈기를 가지고 읽는 것은 분명히 고도의 집중력을 요하는 지적인 작업이다. 책의 저자는 문자 언어로 쌓아 올린 사고 구조물을 종이라는 2차원 평면에 풀어낸다. 저자가 오랫동안 사고한 결과물인 '사고 구조물'은 3차원인데, 독자는 그걸 또 다른 차원인 2차원 평면에서 읽어 내야 한다. 인류는 책 속에 체계화된 개념을 중심으로 더욱 정교한 지식 구조물로 발전시켜 왔다. 현시대를 살아가는 우리가 지적인 활동을 하는 데에 문자 언어로 된 책은 꼭 필수적인 매체임이 분명해 보인다.

〈'책'의 구조는 '구조물'〉

제목 - 가장 최상위 개념어
목차 - 지식 체계의 구조물
색인 - 지식 체계에 접근하기 위한 도구적 개념어들, 구조물을
      구성하는 요인들

[글 수준]
  ↓

> [문단 수준] 하나의 핵심 명제와 뒷받침 명제의 구조물
> ↓
> 문장(명제)의 구조물
> ↓
> 단어들의 체계/구조물
>
> 책의 의미: 책은 문자 언어로 이루어져 있다. 문자 언어는 정보의 '무한정 저장'을 가능하게 해 주고 지식의 추상성 및 위계성 저장에 적합하다. 그러나 이론적으로만 '무한정 저장'이 가능할 뿐, 인간의 인지 능력이 동시다발적으로 확대되기 어렵다는 한계가 있었다. 이에 어느 정도 '정련화하여 저장'되어야 제대로 그 의미가 훼손되지 않고 후대로 전수할 수 있다. 그러나 '정련화된 저장'의 의미를 어떻게 받아들일지에 대한 '후대의 맥락화된 해석'이 지속될 수밖에 없기에, '의미가 온전히 보존되어 저장'되기는 어렵다.

그런데 대표적인 위대한 철학자 중 한 명인 소크라테스는 그렇게 생각하지 않았다. 그는 그 당시 '새로운 매체'인 문자 언어를 결사적으로 반대했던 사람이다. 심지어 그는, 문자

언어는 지적인 활동을 막는다고까지 생각했다. 소크라테스의 이러한 생각은 아이러니하게도 그의 제자가 『파이드로스 Phaedrus』라는 책을 통해 후대에 전하게 되었다.

소크라테스의 주장[3]을 간략히 요약하면 다음과 같다.

첫째, 쓰기는 비인간적이고, 하나의 사물이자 제품에 지나지 않는다. 정신 속에 있는 것을 정신 밖에 설정했기 때문이다.

둘째, 쓰기는 기억을 파괴한다. 쓰기를 사용하는 인간은 내적인 수단의 결핍으로 그 대신에 외적인 수단에 의지하기 때문에 망각하기 쉽다.

셋째, 지면의 텍스트는 기본적으로 아무것도 대답하지 않는다. 누군가는 텍스트를 이해하기 위해 누군가의 뇌를 빌려 생명을 요구하게 될 것이다.

넷째, 실제의 말과 사고는 본질적으로 언제나 실제 인간끼리 주고받는 컨텍스트 안에 존재하는데, 쓰기는 그러한 컨텍스트를 떠나서 비현실적·비자연적인 세계 속에서 수동적으로 이루어진다.

이쯤 되어 생각해 보니, 전통적으로 국어과 교육 과정에서는 '문자 언어와 음성 언어의 차이를 안다.'라는 교육 내용이 결코 단순하게 여겨져서는 안 될 것 같다. 시대별 우세한 매체가 있었으며, 그 우세한 매체가 '음성 언어'라고 생각했던 소크라테스의 경우 정보를 습득하고 이해하는 핵심 행위는 '듣기'라고 보았던 것이다. 그리고 그로부터 얼마 지나지 않아 아리스토텔레스는 책 읽기에 푹 빠져 사유하기를 즐겼다. 그에게는 문자 언어가 훨씬 우세했던 것이다.

공유하고 저장해야 하는 정보와 지식이 급격히 늘어난 시기에 이르러, 정보 습득의 방식과 경로가 '문자 언어'여야만 그 복잡한 정보들이 체계적으로 저장될 수 있게 되었다. 때마침 인쇄술의 발전과 함께 아무리 복잡한 정보들이라고 할지라도 이들은 '책이라는 구조물'로 얼마든지 표상할 수 있게 되었다.

정말 많은 사람들이 책을 읽지 않는 세대를 걱정한다. 이런 분들이 걱정하는 이유는, '책'이 정보 습득의 독보적 수단이라고 보기 때문이다. 새로운 지식이 쏟아지는 정보화 시대에, 독서를 하지 않는다는 것은 정보 습득 경로를 차단하는 것이나 다름없기 때문에, 아마 책을 읽지 않는 자는 일상생활이 불가능할 정도로 세상에 적응하기 어려울 것이라고 생각하는 것이다.

그런데 현시대에서 과연, '책'이 정보 수집에 최적화된 매체라고 할 수 있을까? 사람들이 독서를 하지 않는 이유는 어쩌면, 정보 수집의 최우선 매체가 '동영상'으로 바뀌었기 때문이 아닐까? 이에 대한 직접적인 근거가 될 수는 없으나, 앱 사용 시간만 보더라도 한국인들의 동영상 시청 시간은 엄청나다.[4] 동영상 매체에 훨씬 익숙하다는 것은 정보 수집의 매체 역시 일차적으로 동영상일 가능성이 크다는 추론이 가능하다.

사실 유튜브 채널에서 동영상으로 새로운 지식을 한꺼번에 압축적으로 이해하는 일은, 책을 통해 스스로 고군분투하며 정보를 습득하는 것보다 인지적으로 부담이 훨씬 적으며, 동영상 시청은 독서보다 훨씬 흥미롭기도 하다. 더군다나 새로운 정보와 지식이 폭발적으로 늘어나는 시기에 새로운 전문 분야가 생겨나고, 그러한 분야가 우리의 일상생활까지 바꾸는 경우가 많아 대중은 전문 분야의 용어들을 쉽고 빠르게 이해하고자 하는 욕구가 있다. 전문가가 대중에게 전문 분야의 논의를 풀어서 설명해 주는 영상이 대거 늘어나고, 이를 전문으로 하는 지식 채널들이 인기를 얻는 이유도 여기에 있다.

이쯤 되면 책의 위상이 격하된 것으로 오해할 수 있겠다. 하지만 오히려 책이 지니는 '전문적 위상'은 더욱 강화되었다. 대중에게 동영상으로 지식을 전달하는 전문가도 동영상으로 정보를 습득하고 저장할까? 그렇지 않다. 전문가들의 머릿속에는 정보가 '문자 언어, 책'을 통해 저장되어 있다. 책이라는 매체는 이제, '구조화/위계화된 정보 체계'를 집중적으로, 가장 전문화된 방식으로 습득할 수 있는 최고의 매체로 자리매김하고 있다.

바로 이 점에서 책을 직접 접하지 않은 대중은 점차로 지식 체계에서 멀어지게 된다. 전문가들은 '책'에서 직접 자신들의 인지 활동을 통해 자신만의 지식 체계를 구축한 반면, 대중들은 전문가들이 자신의 안목으로 재가공한 내용을 그대로 믿고 흡수해 버리기 때문이다. 자신만의 지식 체계를 직접 구축한 전문가는 해당 분야에서 또 다른 새로운 지식을 창출해 낼 수 있는 힘이 생겨, 지속적으로 지식 생산계의 일원이 될 수 있으며 그만큼 권위를 지닌다.

책은 문자 언어로 이루어져 있으니, 문자 언어의 위상 역시 여전히 공고하다. 그렇지만 우리 아이가 한글을 일주일 만에 익히게 되었다고 해서 기뻐할 일은 아니다. 교육에서 중요하게 다루어져야 할 것은 문자를 익히는 것 자체가 아니라, 문자를 습득한 이후 지속적으로 문자 언어로 이루어진 '인류 지성사 결과물'인 책 읽기에 적합한 '정신 구조'를 충분히 오랜 기간 연습하는 것이다. 그러므로 우리 아이가 책을 무작정 많이 읽는다고 해서 기뻐할 일도 아니다. 책을 읽고 난 후 책에서 얻은 정보가 아이의 머릿속에 어느 정도로 의미 있게 남

앉는가가 중요하기 때문이다. '책'이라는 매체의 본질을 최대한 살리는 국어 교육을 기획하고 실천하려면, 읽는 행위 못지않게 독후 활동이 비중 있게 다루어져야 할 것이다.

같은 논리로 보면 디지털 기기 자체가 문제가 아니라, 디지털 기기로 이루어지는 '인류 지성사 결과물'을 적절히 선택하고, 그에 적합한 정신 구조를 선택적으로 훈련하면 문제가 없다는 의미이다.

새로운 '매체'가 나타날 때마다 늘 인간은 기존에 익숙해져 있던 소통 방식을 바꾸어야 한다는 압박감에 새로운 매체에 저항하기도 하지만, 자신도 모르게 기존의 언어 사용 양상을 바꾸기도 하고, 심지어는 그에 따라 인지 양식도 바꾸기도 하면서, 어느새 새로운 매체에 익숙해져 간다.

전화, 라디오, 텔레비전, 컴퓨터, 휴대폰 등 수많은 기기들이 등장하면서 우리는 그 어느 때보다도 그 이전에 있었던 문자성과 구술성을 민감하게 대조하게 되었다. 인류 역사 내내 '문자 언어'와 '음성 언어'라는 두 매체가 공존해 온 것은 사실이나, 지식 전수의 면에서는 문자 언어가 그 우위를 점해 왔다. 그러나 디지털 기술 발전으로 인하여 이제는 음성 언어로도 다량의 정보를 전달할 수 있게 되었다. 디지털 시대 이전에는 문자 언어로 된 책에서 정보를 받아들이는 것이 당연한 일이었으나, 이제는 음성 언어로도 다량의 정보를 전달할 수 있게 된 것이다. 그래서인지 학생들은 새로운 지식을 학습하고자 할 때 책이 아닌 동영상 강의를 선호하기도 한다. 이처럼 '지식을 음성 언어로 습득하는 것이 선호되는 경향'이 몇 세대 지속된다면, 어쩌면 다시 구술성이 우위를 점하는 시대가 올 수도 있다. 그때쯤이면 인간의 인지 구조도 바뀔 수 있겠다.

초등학교 수학에서 분수를 배우는 게 국어 교육적 이유라고?

앞서, 우리 아이가 일주일 만에 한글을 익혔다고 해서 앞으로 곧바로 문자 언어에 익숙해지고 '읽고 쓰기'를 할 수 있을 거라고 기대할 수 없음을 언급했다. 충분히 오랜 기간 한글에 익숙해지고 읽고 쓰기를 수행했을 것이라고 기대하는 아동들도 문자 언어로만 '쓰기'를 하지 않는다. 표현의 결과물이 이러하니 아마 정신 구조 역시 '문자 언어로만 분리된 영역'이 있지는 않을 것이다.

국어 교육에서는, 초등학교 1학년에 해당하는 7~8세 아동들은 분명 어른과는 다른 쓰기 경험을 하고 있음을 정설로 인정하고 있다. 즉, 해당 시기 전후 아동들이 생산하는 텍스트들은 '언어'라는 단일 매체만 사용하지 않으며, 다음과 같이 **복합 양식성** multimodality★을 보여 주기 마련이다.

아래 그림을 그렸을 당시 6세(66개월)였던 아동은, '글'을 엄마에게 건네며 "엄마에게 편지 썼어."라는 말을 덧붙였다. 이 아이가 처음으로 한글을 습득한 시기는 23개월 될 때였고, 그 이후 66개월 될 때까지 무려 43개월 내내 지속적으로 책 읽기 활동을 수행했음에도, 엄마에게 건넨 '글'은 문자 언어로만 이루어지지 않은 것이다.

평소 아이의 언어적 환경을 알고 있는 엄마는 감동적으

복합 양식성을 보여 주는 아동의 '글'

> **★ 복합 양식 텍스트 (multimodal text)**
>
> 두 가지 이상의 양식(mode)을 결합한 텍스트를 의미한다. 여기에서 양식이란, 다양한 기호 체계가 기술과 결합해 의미를 만들어 내는 문화적 방식을 의미한다. 현대의 모든 텍스트가 복합 양식 텍스트가 될 수 있는 가능성을 지니고 있다.[5] 이 용어가 처음 등장했을 때에는 '문자 언어로만 이루어진 단일 양식 텍스트'를 극복하는 대안적 개념을 제안하기 위한 목적이 있었다.

로 이 '편지'를 '읽었다'. 얼핏 보면 그다지 큰 의미 없는 선과 그림이 나열된 것으로 보이지만, 실상은 일에 지쳐 자신보다 늦게 일어나곤 하는 엄마에 대한 안타까움을 드러낸, 완결성을 갖춘 한 편의 '글'이다. 보통 이 아이는 아침 8시 이전에 일어나는데, 엄마가 자신보다 늦게 일어나는 경우가 많았다. 아이는 엄마를 깨워야 할지 말아야 할지 안타까운 마음을 고양이와 새의 모습으로 표상한다. 그 안타까움은 8시를 가리키는 시계 옆의 '땡땡' 소리와 느낌표에서도 드러난다. 이 그림을 그리기 며칠 전, 아이는 엄마에게 '느낌표의 기능'에 대해 물어 본 적이 있다. "그림책에서 보니 느낌표는 큰 소리를 나타낼 때도 쓰는 것 같은데 맞아?"라고 확인했다. 엄마는 맞다고 했고, 그 이후 읽었던 그림책마다 느낌표에 주목하곤 했다. 시계 옆에 있는 느낌표는 '큰 소리'를 표상하는 게 분명하다. 좀 더 자세한 해석은 여기에서 생략하나, 분명한 것은 이 아이의 '글'에 사용된 모든 선은 나름대로의 '의미가 있는 기호'라는 것이다.

문자·그림이 복합적인 기호로 작용하는 이와 같은 표현 양상은, 이 시기의 아동들에게서 보편적으로 나타나는 특징이다. 흥미로운 점은, 이 시기 아동의 인지적 특성 중 하나인 '시지각視知覺 미완성'이 이와 같은 복합적 매체 쓰기 행위를 더욱 강화한다는 것이다. 시지각 능력 완성 시점은 '보는 방식과 사고 방식'이 달라지는 지점이며, 동시에 아동이 미술에 대한 흥미도를 잃는 시기와 정확히 일치하는 시점으로, 보통 그 시기는 10세라는 연구 결과가 있다.[6] 이 연구는 미술 교육 분야에서 이루어진 것이지만, 10세 이전의 초기 미술 교육은 국어 교육과 연계될 필요가 있으며, 아울러 국어 교육에서도 미술 행위에서 사용하는 '매체'와 연계해야 함을 강조한다.

특히 초등학교 1학년 나이인 7~8세 아동은 아직 시지각이 완성되지 않은 상태이므로, 표현하고자 하는 욕구가 단지 '언어'만이 아닌 '복합 양상' 혹은 '복합적 언어 표현'을 통해 나타날 것임을 충분히 예견하게 한다. 시지각이 완성되는 10세 이후에는, 아동은 모든 사고를 언어로만 표상하려는 경향이 생기며, 그림은 그림대로, 문자는 문자대로 따로 쓰게 된다.

문자만 따로 쓰기 시작했다는 것은 비로소 사고가 언어로만 추상화될 수 있는 단계가 되었다는 것을 의미한다. 흔히 초등학교 3학년부터 기초 학력이 정립되어야 하고, 공부 습관이 완성되어야 한다고 하는데, 국어 교육적으로 보더라도 이는 지극히 타당한 의견이다. 국어과 교육에서도 초등학교 3학년부터는 그림일기 쓰기를 권하지 않으며, 본격적으로 한자어로 된 개념 어휘에 익숙해지도록 한다.

다른 교과에서도 비슷한 양상이 나타난다. 수학과를 예로 들면, 실세계에서 관찰할 수 없는 수, 즉 '분수' 개념을 이 시기부터 받아들이도록 교육 과정에 설계한 것도 그러하다. 그러니까 이렇게도 생각해 볼 수 있다. 아직 그림일기를 작성하기만 고집하는 아이는 분수 개념을 제대로 이해하기가 어려울 수 있다고 말이다.

선물을 주고받는 것도 국어 교육의 내용이라니?

앞서 매체란 소통의 매개, 수단임을 언급했고, '언어'가 대표적인 매체임을 언급했다. 그런데 생각해 보니, 우리는 '언어' 이외의 수단으로도 수많은 소통을 한다. 그렇다면 언어 이외의 그 모든 것들이 다 국어과의 범위라는 말인가? 결론부터 말하자면 '그렇다'. 의도가 담긴 옷차림, 대화를 이어 나가면서 설정하는 물리적 거리, 연인 간의 관계 변화를 일으킨 주고받은 선물, 이 모든 것이 소통이며, 따라서 모두 국어과의 개념으로 이를 설명할 수 있다.

꽃집의 장미는 '사물'에 지나지 않는다. 그런데 '사랑 고백의 의미를 부여'하여 장미를 구입한 순간, 이 장미는 '넓은 의미의 언어'가 된다. 즉 '나는 너를 사랑한다'는 언어 대신 사용할 수 있는 '또 다른 언어'이다(이를 '기호sign'라고 언급하기도 한다). 장미꽃 200송이를 여자 친구에게 건네면서 "지나가다 주웠어."라고 말하는 남자 친구에게 여성은 어떤 반응을 보일까? 여자 친구는 남자 친구의 말을 있는 그대로 받아들이지 않을 것이다. 즉, 남자 친구의 '언어' 대신에 '200송이의 장미'가 '사랑의 의미를 전달'하는 것으로 받아들일 것이다. 남자 친구(발신자)의 '의도'가 그대로 여자 친구(수신자)에게 전달되어 소통이 성공한 것이다.

또 다른 예를 들어 보자. 미국의 인류학자 에드워드 홀 Edward T. Hall은 자기 주위의 공간에 반응하는 방법, 공간과 상대방과의 거리를 이용하여 다른 사람들에게 메시지를 전달하는 방법에 관심을 가지고 근접학Proxemics이라는 학문을 창시했다. 남의 공간을 침범하지 않으면서도 다른 사람과 가깝게 지낼 수 있는 최적의 거리를 '근접 공간'이라고 한다. 문화권별로 이 거리는 차이가 있으며, 개인별로도 약간씩 차이가 난다. 이 공간을 지키지 않으면 상대방은 거부감을 느끼게 되는 것이다. 국어 교육학 개론서에서는 화법 교육에서 활용할 수 있도록 아래와 같이 정리하고 있다.[7]

- 친밀 간격(intimate distance): 15~46㎝. 상대방의 숨결이 느껴질 정도의 거리. 이 간격은 자신의 소유물처럼 보호하는 가장 중요한 공간. 연인, 부부, 부모-자식, 아주 가까운 친구 사이.
- 개인 간격(personal distance): 46㎝~1.2m. 팔을 뻗으면 닿을 정도의 거리. 각종 사교 모임이나 가까운 친구 모임 등에서 다른 사람과 편안하게 이야기할 수 있고 접촉할 수 있는 거리. 조용한 대화를 나눌 수 있는 거리.
- 사회적 간격(social distance): 1.2~3.6m. 보통 목소리로 말할 때 들을 수 있는 거리. 낯선 사람과 유지하는 일반적 거리. 공식적 의사 결정, 물건을 사고 파는 등의 사회적 담화에 적합한 거리로, 대인 업무를 수행할 때 사용. 종종 지배를 나타내기 위하여 인위적으로 사용될 수 있음.
- 공공적 간격(public distance): 3.6m 이상. 목소리를 높여서 이야기를 해야 하는 거리. 교사가 학생에게 강의를 하거나 많은 사람에게 연설을 하고자 할 때 편안하게 느끼는 거리.

이는 국어과 화법 교육 과정에 오랫동안 포함되어 오기도 한 중요한 내용이다. 대화 과정에서 물리적 거리는 부차적인 문제에 불과할 것 같지만, 위에서 확인할 수 있듯이 실상은 관계의 지속 여부를 좌지우지할 정도로 중요한 문제이다.

결론적으로, 그림이 글보다 더 많은 정보를 주는 경우, 그림을 구성하는 선이나 면, 공간이 모두 의미를 지닌 기호로서 기능할 경우, 모두 국어과의 전문적 내용으로 다룰 수 있다. 이 내용들이 모두 전통적인 '문자 중심의 교육 내용'과도 당연히 연계가 되어 '국어과 능력'으로 향상될 수 있기 때문이다.

만화는 선·면·공간의 상징성을 다층적으로 지니고 있는 텍스트이다. 디즈니 만화 중 대표적인 캐릭터인 미키마우스는 현실에서 볼 수 있는 쥐와는 거리감이 있도록 최대한 간결하게 그린 반면, 만화가 이현세의 캐릭터인 까치는 미키마우스에 비하여 좀 더 현실감 있는 그림으로 볼 수 있다. 현실감 있는 까치 캐릭터보다 미키마우스가 그만큼 만화의 기호적 상징성이 강하다고 볼 수 있는 것이다.

요컨대 만화 작가는 선·면·공간을 표현할 때 자신의 의도를 최대한 반영하고자 하는데, 국어과 교육에서 만화 텍스트를 교육하고자 할 때는 바로 기호의 상징성에 초점을 두어 언어의 상징성(이 글에서 논의한 매체 식별 교육 내용으로서의 복합 양상 텍스트 인식)과 충분히 연계시켜야 타당성을 지닐 수 있다. 복합 문식성을 목표로 하는 매체 식별 내용은, 향후 이와 같은 점을 명심해야 한다.

〞 기사문의 전형성을 바꾸어 버린 매체의 변화

– 신문 기사야, 소설이야?

매체가 바뀌거나 매체의 성격이 바뀌면, 그에 따라 수신자와 발신자가 상황 맥락에 따른 화용론적_{話用論的} 판단을 달리하게 된다. 즉, 맥락에 따른 언어적 선택까지 바뀌고 언어적 선택의 선호도가 대중들에게 확산되면서, 결국 **장르**★의 성격까지 바뀌게 된다.

> #1. 용인특례시에 사는 A씨(36·여)는 다른 지역에 갈 일이 생길 때마다 걱정이 앞선다. 탈 수 있는 교통수단이 한정적이기 때문이다. A씨는 "시외버스는 탈 생각도 못 하고, 광역 버스는 저상 버스가 있더라도 극히 일부에 불과해 버스를 이용하기 어

렵다."며 "콜택시는 몇 시간을 기다려야 하다 보니 외출 자체가 곤혹스러운 일"이라고 토로했다.

#2. 시흥시에 사는 지체 장애 1급 장애인 B씨(52)도 버스 탑승은 포기한 지 오래다. 집 앞을 오가는 시외버스를 타면 평소 좋아하는 화실까지 수월하게 이동할 수 있지만, 시외버스는 저상 버스 자체가 없기 때문이다. 그는 "버스를 타는 건 거의 포기하고 살고 있다."고 말하며 씁쓸해했다.

서민의 발이라는 경기도 내 버스의 저상 버스 보급률이 저조해 장애인들의 이동권이 침해받고 있다. 시외버스는 휠체어를 탄 장애인이 탑승할 수 있는 저상 버스가 한 대도 없고, 광역 버스 보급률은 10% 대에 그치기 때문이다.[8]

위 기사문을 보면 의아하다. 국어 시간에는 보도의 기본 원칙이 '누가, 언제, 어디서, 무엇을, 어떻게'라는 육하원칙에 따라 정확히 밝히는 것이라고 배웠기 때문이다. 그런데 이 기사문은 실제 취재를 통해 정말 'A씨와 B씨'라는 취재원을 만났는지 궁금할 정도로 A와 B가 누구인지가 명확하지 않다.

기사문의 성격이 왜 이렇게 바뀌었을까? '보고'가 아니라, 왜 '해설'이 늘어나고 있을까? 바로 기사문이 실리는 매체가 달라졌기 때문이다.

기사문은 '신문이라는 지면'에 문자 언어로 작성되는 장르였다. 그러다가 '신문 매체'는 점차 사라지고 인터넷 매체가 득세하게 되었고, 그에 따라 기사문 역시 인터넷 매체에 더 많이 실리게 되었다. 이제 인터넷 매체에는 기사문이라고 하더라도 동영상을 올리는 것도 쉬워졌다. 뿐만 아니라, 테크놀로지의 발달에 따라 누구나 쉽게 동영상 제작이 가능해지고, 언제 어디서든 사건 현장을 포착하기가 쉬워졌다. 이제 더 이상 기사문 취재 및 작성은 '전문가 집단인 기자'들의 전유물이 아니다. 시민 기자들이 늘어나면서, '직접 해당 사건을 보고'하는 것은 큰 어려움이 없는, 더 이상 기자들만이 할 수 있는 일이 아니게 되었다.

> **★ 장르(genre)**
>
> 국어 교육에서 '장르'란 전통적으로 문학 교육에서 '시, 소설, 수필' 등을 가리키는 용어였으나, 이제는 문학적 텍스트만이 아닌 언어 공동체 내에서 통용되는 모든 텍스트의 집합체를 분류하거나 학습하는 틀을 마련하는 데에 활용되는 광범위한 개념이 되었다. 텍스트를 생산하는 주체는 개인이지만, 개인은 늘 상황적 맥락 및 사회 문화적 맥락을 고려하고 생산해야 하는데, 이때 장르를 결정하는 핵심 요인에 대한 지식이 요구된다. 장르 중심 교육에서 학습자는 언어 선택과 맥락, 장르 유형과의 역동적 관계를 인식하면서, '특정 텍스트에서 무슨 일이 일어나고 있고, 사회적 역동성이 어떤 역할을 하고 있는가'에 집중하는 것이 중요하다. 이때 유의할 것은 장르를 결과물이나 고정된 유형으로만 볼 것이 아니라, 다중적이고 역동적인 개념으로 보아야 한다는 점이다. 이로써 학습자는 텍스트가 작동하는 형식뿐만 아니라 텍스트가 사용되는 생생한 사회적 현실에도 관심을 가지도록 할 수 있다.

그래서 직접 취재하여 객관성을 띠는 보고 및 제보 성격의 기사문 작성이라는 의미보다도, 해당 사건에 대한 '더더욱 치밀한 취재와 전문성, 판단과 해석'을 요구하게 됨에 따라 새로운 형태의 기사문이 생겨나게 되고, 해설적 성격, 심지어는 내러티브적 성격의 기사문이 급증하기 시작했다.

이처럼 기사문을 둘러싼 매체 환경의 변화는 결국 기자 집단이 기사문을 작성하는 '전형적인 상황 맥락'을 다르게 인식하게 만들었으며, 그에 따라 발신자와 수신자(독자) 집단의 관계성도 다르게 만들어, 기자 집단이 자신의 주관성을 더더욱 가미한 언어적 선택을 하게 되었다. 그에 따라 이를테면 다음과 같은 '잘못된 종류의 문법'을 쓰게 된 것이다.

> 마크 저커버그 메타 최고 경영자(CEO)는 지난달 25일(미국 현지 시간) 열린 개발자 대상 행사 '커넥트 2024'에서 메타의 신제품을 공개했어요. 아직 정식 출시 단계가 아니라 시제품을 공개한 행사였을 뿐인데도 저커버그 CEO는 "스마트폰 이후의 디바이스가 될 것"이라고 선언했죠.[9]

이 기사문에서 밑줄 친 부분은 엄밀히 말해 어문 규범적으로 틀렸다고 말할 수 있다. 큰따옴표를 사용했다면 직접 인용문에 적합한 형식을 취해야 하는데 '것'이라는 명사절로 끝난 데다가, 화용적 요소도 다 삭제해 버렸기 때문이다. 기자는 왜 이렇게 버젓이 규범을 어겼을까? 이를 알아보기 위해 기자의 입장이 되어 보자(아래 내용은 '사실'이 아니라 필자의 '합리적 추론'임을 밝혀 둔다).

원래 기자는 기사문을 작성하기 전 반드시 취재원을 만나 직접 취재를 하고 취재원의 말을 녹취해야만 한다. 그렇게 '직접 보고 들은 내용'을 육하원칙에 따라 작성하는 것이 원칙인 것이다. 위 기사를 작성한 기자는 메타의 신제품에 대한 기사를 쓰고 싶다. 그런데 이 기자는 한국에 살고 있기에, 메타 CEO인 저커버그를 당장 만나서 직접 취재하기는 어렵다. 그런데 이 기사를 당장 내일 아침 신문에 싣고 싶다. 그러면 어떻게 해야 할까?

기사문 작성의 원칙을 알고 있긴 하지만, 어쩔 수 없다. 외신 언론 등을 참고하여 저커버그의 말을 '간접 인용'하기로 결심한다. 그런데 '직접 취재'한 것이 아니니 '직접 인용'은 차마 못 하겠다. 그런데 '직접 인용' 표현이 있어야 '제보적 기능'을 제대로 하고 있는 기사문 장르의 본질에 부합할 텐데…. 이렇게 갈팡질팡하는 마음에서 '타협'된 결과 탄생한 것이 위와 같은 변형된 인용 표현이다. 실상은 간접 인용이지만

'직접 인용에 사용되는 따옴표'를 활용한 것이다.

앞의 기사는 『매일경제』 신문사에서 별도의 팀을 구성하여 만든 '뉴스 쉽게보기'라는 코너의 일환으로 연재되는 뉴스이다. 이 코너에서는 복잡한 이슈는 간단하게 정리하고, 어려운 정보는 풀어서 쉽게 전달하는 '술술 읽히는 뉴스'를 지향한다고 한다. 즉, 이 코너의 기자는 주제와 관련된 여러 문서들을 모두 수집하여 독자들이 읽기 쉽도록 정보 재배치를 해야 하는데, 수집된 문서들에서 저커버그의 말이 언급된 부분을 보았을 것이다. 기자는 저커버그의 말을 '정보'로 받아들이고자 '것' 명사절로 재구성하고, 그러나 실제로 저커버그가 그의 입으로 뱉은 말이라는 점을 강조하고자 '큰 따옴표'를 사용하여 작성했을 것이다.

이 기사문을 작성한 기자만 이런 형식을 쓰는 것이 아니다. 기사문의 장르적 성격이 바뀌다 보니, 기자 집단 전체가 이러한 형식을 쓴다. 즉, 매체가 바뀌니 글의 장르적 성격이 바뀌고, 그에 따라 필자 집단의 언어적 선택까지 바뀌게 된 것이다.

66 과거의 은행 광고, 최근의 광고와는 무엇이 다를까?

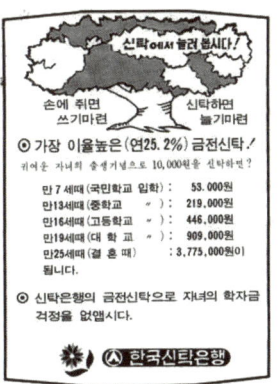

『독립신문』(1896. 6. 27.)의 은행 광고10와 『월간 산』(1971년 7월호)의 은행 광고

앞의 두 광고문은 1890년대의 『독립신문』과 1970년대의 잡지 『월간 산』에 실렸던 것들이다. 둘 다 은행 및 은행 상품에 대한 광고이다. 이들 광고를 오늘날의 광고와 비교해 보면, 확실히 당시에는 광고문에 정보를 충실히 담아야 한다고 생각했던 듯하다.

그러나 최근 광고는 정보 전달을 주목적으로 간주하고 제작하지 않는다. 제품 자체에 대한 구체적 설명은 갈수록 사라지는 추세를 보이고 있다.

이렇게 광고의 성격이 달라진 이유는 대체 무엇일까? 광고는 최근, 지면보다는 동영상을 주 매체로 하여 제작되고 있다. 동영상 이미지의 설득력이 '언어'의 역할을 갈수록 축소시킴에 따라, 언어로 소상하게 전달했던 광고문의 상품에 대한 정보성은 줄어들 수밖에 없다. 그 대신 제품을 연상케 하는 이미지를 중심으로 제작되면서, 독자는 이미지만이 가득한 광고를 보며 무슨 의미인지도 모른 채, 나도 모르게 상품 이미지에 '설득'된다. 또한 광고 모델은 존재 자체만으로 상품을 '사라고' 설득할 수 있기에, 누가 모델이 되어야 하는가가 더 중요해진 시대가 되었다. 지면이든 동영상이든, 매체 종류를 막론하고 광고 담화의 목적이 '정보 전달'은 대폭 축소되고 '설득'이 우세하게 바뀐 것이다.

요컨대 매체가 달라진다는 것은, 결국 해당 수사적 맥락에서 발신자와 수신자의 인지적 판단이 바뀌는 것이고, 그에 따라 언어적 선호도, 텍스트의 수사적 목적 등 모든 것이 바뀔 수 있음을 의미한다.

Class 2.

매체와 함께 진화하는 읽기

'매체 읽기'에서
'매체 너머의 읽기'까지

66 매체는 현실을 '있는 그대로', '객관적으로' 보여 주는 거울일까?

 디지털 매체 기술이 일상화·고도화되면서 매체를 이해하고 활용하여 소통할 수 있는 능력, 즉 매체 문해력media literacy(미디어 리터러시) 교육에 대한 사회적 관심과 요구가 뜨겁다. '요즘 사람들'에게 매체, 특히 디지털 매체를 얼마나 잘 알고 활용할 수 있는지는 윤택한 삶과 성공적인 사회생활을 결정하는 주요한 요소이기 때문이다. 이러한 이유로 매체 문해력은 디지털 매체의 진화와 함께 새롭게 요구되는 '요즘 능력'으로 여겨지곤 한다.

 그러나 소통을 매개하는 것은 넓은 의미에서 모두 매체라 할 수 있다.[1] 가령, 디지털 기술을 기반으로 하는 인터넷 뉴스나 소셜 미디어, 종이 기반의 책이나 잡지와 같은 인쇄물, 전자 신호를 활용하는 라디오나 텔레비전 등은 모두 매체에 포함된다. 이렇게 보면, 매체 문해력이란 소통 기술이자 도구인 매체에 대한 이해를 바탕으로, '모든 종류의 매체에 대해 비판적으로, 효과적으로, 책임감 있게 접근하고, 사용하고, 이해하고, 참여하는 능력'으로 정리해 볼 수 있다. 다만, 매체 환경의 디지털화가 일상화되고 있다는 점, 인공 지능AI을 비롯해 디지털 기반의 매체 기술이 매우 빠른 속도로 발전하면서 요구되는 소통 능력의 양상도 달라지고 있다는 점 등을 고려했을 때, 디지털 매체 문해력의 중요성은 점차 커질 것으로 예상된다.

매체 문해력, 특히 '매체를 읽는다'라고 했을 때 특히 강조되는 능력은 단연 '비판적 읽기'이다. 왜일까? 이는 매체의 본질적 기능이 현실을 재현하는 데 있기 때문이다. 재현representation이란 매체가 현실을 '있는 그대로 보여 주는' 것이 아니라, 특정한 관점에서 '다시 나타내는' 과정을 의미한다. 이 과정에서 무엇을 포함하거나 강조할 것인지, 무엇을 생략·축소·은폐할 것인지, 누구의 목소리를 대변할 것인지, 특정 세대나 계층을 어떻게 표현할 것인지 등에 대한 의사 결정이 이루어진다. 그 결과, 매체를 통해 나타나는 현실은 '있는 그대로의 것'

이기보다는 '선택되고 재구성된 것'이 된다. 매체는 언제나 '다시re-' '나타낸presentation' 현실을 우리에게 제시한다.

대표적인 매체인 뉴스를 생각해 보자. 방송 뉴스든 인터넷 뉴스든 관계없다. 진실을 규명하고 현상에 대한 공정한 보도를 중시하는 뉴스는 과연 '객관적'일까? 그렇다면 동일한 사안을 다루더라도 언론사에 따라, 기자에 따라 뉴스의 내용과 논조가 달라지는 이유는 무엇일까? 일상의 뉴스 경험을 통해 짐작할 수 있듯이, 매체는 결코 세상을 투명하고 중립적으로 비추는 창이 아니다.

매체는 제작자의 입장이나 관점, 의도에 따라 정보를 선택적으로 걸러내고, 세상의 모습과 이야기를 재구성하여 전달한다. 이를 통해 매체는 세상을 해석하고 판단하는, 일종의 '생각의 틀'을 제시한다. 그리고 항상 그러한 것은 아니지만, 이 과정에서 현실이 왜곡되기도 한다. 다음 페이지의 그림은 매체의 재현이 '현실 왜곡'으로 이어질 수 있는 위험성을 여실히 보여 준다.

범죄 사건이 발생했다고 하자. 용의자가 흉기를 들고 피해자를 뒤쫓는 장면이 실제 상황이다. 그런데 매체가 어떤 관점과 각도로 바라보는지에 따라 전혀 다른 상황으로 재현될 수 있다. 즉, 카메라를 어느 각도에서, 어떠한 배율로 촬영하

매체의 재현 기능이 현실 왜곡으로 이어질 수 있는 위험성을 경고하는 그림

는지에 따라 매체가 보여 주는 세상은 현실을 곡해하거나, 심하게는 그림에서처럼 정반대의 모습으로 나타날 수도 있다.

문제는 매체가 현실을 왜곡하여 재현하거나 특정 대상을 과도하게 부각할 경우, 그 대상에 대한 편견이나 고정 관념이 강화·고착화되어 사회 문제로 이어질 수 있다는 점이다. 이러한 이유로 매체 문해력에서 '비판적 읽기'의 중요성이 더욱 강조된다. 매체가 재현한 현실을 무비판적으로 수용하는 것이 아니라, 그것이 실제와 어떤 관계를 맺고 있는지 합리적으로

의심하고 검증하는 것을 반복하며, 매체는 물론이고 매체 너머의 것까지 파악하려는 태도가 중시되는 것이다.

다만, 매체 문해력 교육에서 매체의 재현에 주목하고 이에 대한 비판적 읽기를 강조한다고 해서, '모든 매체는 현실을 왜곡한다'고 설명하는 것은 아니다. 또한 비판적 읽기를 통해 모든 허위 정보를 폭로하고 매체 너머의 진실을 규명해야 한다는 것도 아니다. 오히려 중요한 것은 매체 콘텐츠가 제작자의 선택과 배제의 과정을 거쳐 구성된 결과물이라는 점을 이해하는 것이다. 매체가 보여 주는 것은 현실 그 자체가 아니라, 특정한 방식으로 재구성된 현실이며, 그러므로 재현된 현실이 실제와 얼마나 같고 다른지, 나아가서는 왜, 무엇을 위해 그러한 재현이 이루어졌는지를 비판적으로 판단하고 성찰할 수 있는 능력을 추구한다고 보는 것이 적절하다.

그렇다면, 일상에서 쉽게 확인할 수 있는 매체 재현의 사례로는 무엇이 있을까? 특히 디지털 매체 환경에서 쉽게 접할 수 있는 매체 재현의 예에는 무엇이 있을까?

인터넷 기사나 영상에 달린 '댓글', 동영상의 '썸네일thumbnail', 자료나 영상의 '조회 수', 그리고 '좋아요/싫어요' 수치 등은 모두 디지털 매체의 재현에 기여한다. 댓글의 내용이 어떠한지, 영상 첫 화면에 제시되는 장면이 무엇인지, 조회 수나 '좋아요/싫어요' 등 반응 지표가 어느 정도이며 어떠한 집단이 주로 '좋아요(또는 싫어요)'를 눌렀는지 등은 그 자체로 콘텐츠에 대한 해석과 평가를 반영한다. 이들 요소는 이용자들의 콘텐츠 이해 및 활용에 영향을 미침으로써, 기존 콘텐츠를 새롭게 재구성한다. 특히 조회 수나 '좋아요'와 같은 지표는 단순한 양적 수치에 불과하지만, 그 자체로 언중言衆의 생각이나 사회적 반응을 재현하는 것으로 여겨지기 때문에 더욱 비판적 접근이 요구된다.

맥락의 연장선에서, 포털 사이트에서 인공 지능 알고리즘이 제시하는 연관 검색어라든지, 검색 결과 페이지의 배치와 순서, 그리고 콘텐츠 추천 기능 역시 디지털 매체 재현의 전형적인 사례이다. 어떤 단어가 연관 검색어로 제시되고, 어떤 자료가 검색 결과 페이지에서 상단에 위치하며, 어떤 영상이 추천되는지는 곧 사람들이 무엇에 관심을 갖고, 어떻게 이해하고 반응하는지를 '다시 보여 주는' 또 하나의 재현 방식이라 할 수 있다.

이는 동영상 공유 플랫폼이나 뉴스 플랫폼에서도 마찬가지이다. 추천 알고리즘이 선별하고 편집한 뉴스와 콘텐츠 목록은 제작자의 의도뿐 아니라 이용자의 취향이나 선호, 가치관 등이 반영된 결과물이다. 만약 이용자들이 이러한 추천 정보를 무비판적으로 수용한다면, 결국 자신 또는 제작자의 관점이나 선호에 따라 편향적으로 재편집된 세계나 현상을 경험하게 될 위험이 크다. 이처럼 매체의 종류에 따라 재현의 방식과 그 효과는 매우 다양하다.

매체 문해력 교육의 석학인 버킹엄D. Buckingham 교수는 이와 관련하여 매체 재현을 이해하고 효과적으로 대응하기 위해 다음의 네 가지 요소를 강조했다.

---

1) 매체 재현의 의미 이해하기
2) 선택과 조합의 과정을 통한 재현의 구성 과정 및 방식 이해하기
3) 매체 재현의 표현 방식과 그 표현에 내재된 가치 파악하기
4) 재현이 시대에 따라, 이용자에 따라 다르게 나타나고 또 다르게 해석된다는 재현의 본질 이해하기

또한 그는 매체 콘텐츠를 접하거나 읽을 때 다음과 같은 질문을 제기해 볼 것을 권한다.

1) 이 콘텐츠에서 재현되는 세계에는 무엇이 포함되었는가? 무엇이 배제되었는가?
2) 누구의 **목소리***가 들리는가? 반면, 누가 침묵하고 있는가?
3) 매체는 특정 집단을 어떻게 '제한/제약'하고 있는가? 전형화된 재현인가, 진실에 가까운 재현인가?

★ 목소리(voice)

목소리란 텍스트나 콘텐츠를 통해 드러나는 필자 또는 제작자의 생각, 관점, 태도, 정체성 등을 뜻한다. 독자는 텍스트를 읽으며 단순한 정보를 넘어, '누가, 어떤 입장에서 말하고 있는가'를 파악해야 한다. 이를 통해 동일한 주제라도 서로 다른 해석이나 주장이 있을 수 있다는 점을 이해할 수 있으며, 바로 이러한 점 때문에 비판적 읽기가 필요하다는 것을 알 수 있다.

이와 같은 질문들을 던지며 매체 자료를 읽어 나갈 때, 우리는 매체가 보여 주는 현실에 머무르지 않고, 그 너머의 실제에 한 걸음 더 다가갈 수 있을 것이다.

드라마는 보는 것일까, 읽는 것일까?

요즘 유튜브에서 가장 인기 있는 채널 가운데 하나가 바로 '드라마 리뷰' 채널이다. '리뷰review'라는 단어를 사전에서 찾아보면, "책, 영화, 연극 등에 대한 논평이나 비평" 혹은 "(변화를 주기 위해) 재검토하거나 (지나간 일을) 되새기는 것"(옥스포드 사전) 등 다양한 의미가 있다. 이러한 정의에 따르면 리뷰에는 텍스트를 여러 번 읽는 과정, 즉 다시 읽기가 필수적이다. 그리고 이때의 다시 읽기란 두 번 이상 읽으면서 텍스트의 이모저모를 '음미'하며 새로운 가치나 의미를 '발견'하는 행위라 할 수 있다.

리뷰의 의미에 맞게 드라마 리뷰 채널에 게시되는 영상

들은 단순히 드라마의 줄거리를 요약하는 데 그치지 않는다. 가장 인상적인 장면을 짚어 내거나 등장인물의 대사와 행동에 담긴 숨은 의미를 해석하고, 인물 관계와 사건 전개를 추론하기도 한다. 심지어는 연출가나 작가의 의도를 분석하고 비판하면서 드라마를 넘어서는 다양한 이야기를 만들어 낸다.

영상에 달리는 댓글의 내용 역시 마찬가지이다. 영상에서 미처 다루지 못했거나 발견하지 못한 드라마 이해의 단서, 주요 장면, 인물의 대사나 행동의 의미에 대한 이견異見 등을 제시하며 리뷰 영상의 제작자나 해당 영상을 같이 보는 다른 구독자들과 드라마에 대한 자신의 이해와 감상을 공유하며 소통하는 것이다.

11(1) 이채

시즌 2 나올때까지 어떻게 기다려요 ㅠㅠㅠㅠㅠㅠㅠㅠ 이번 회 밴드부분 끝나고 못난이인형이 나왔는데,,, 정확히 분석해주실 분들을 찾습니당

☞ 아일린 Eileen: 이채님 댓글보고 다시 가서 확인하고 왔어요 밴드 끝날 때 송화가 나오는 장면 뒤쪽?으로 인형들이 나오는데, 3개라서 뭔가 송화, 익준, 치홍이 아닐까 생각이 들어요. 인형 배치 상

엘베 속 치홍, 송화, 익준일지 회식자리에서 익준, 송화, 치홍일지.. 배치로 보면 엘베일거 같기도 해요 맨 오른쪽 못난이인형만 울고 있는 거 같아요ㅜㅜ

9(2) Lea.초잇

다른 데서 보니까 정원이에 대한 불길한 복선에 대해서는 마피아씬도 복선으로 생각한 분도 계시더라구요. 이 마피아씬이 99즈의 미래가 되는 것이 아니냐는 의견이 있었어요. 익준송화는 입소문tv님도 평행이론으로 설명했듯이 종수로사였고, 각각 석형의 어머니와 병원장이 석형과 준완이를 상징한다면 정원이는 99즈의 미래에서도 늙지 않은 모습이니 일찍이 무슨 일이 일어나는 것이 아닐까 하는 추리가 있었어요. (중략) 마피아씬이 99즈의 미래라는 복선이라는 의견을 저는 믿지는 않지만 이 영상 보고 혹시 도움이 될까 싶어 올려봅니다!! :)

10(1) JiA

어느 기사를 봤는데 캐릭터 이름 속 계절을 따라 연애 순서가 진행된다고 하더라구요! 그럴듯한 것 같아서 공유해 보려구요! '익순'은 새순이 나는 '봄'을 뜻하며 가장 빨리 로맨스가 생성됐죠! 대신 가장 빨리 질 수 있다고 하더라구요 '채송화'는 '여름'에 피는 꽃. 봄이 가니 이제 조금씩 피어나는 꽃이에요 '추민하'의 '추'는 '가을'. 이제 조금씩 여름을 따라 들어와 고백을 했고 '겨울'의 로맨스도 정원이 마음을 깨달아 가는 중이죠! <u>하지만 아직 진전되기엔 해결해야 할 것이 많아요! 딱 순서 대로더라구요! 진짜 그럴 듯하죠?ㅎㅎ 입소문님께서 보시기엔 어떠신가요?! 입소문님 예리한 시각으로 좀더 자세히 파 주시면 좋을 것 같아요!!ㅎㅎ</u> (하략)

드라마를 분석하고 해석하는 등 텍스트로서 읽는 사례(리뷰 동영상 댓글)[2]

위의 사례를 보았을 때, 드라마 리뷰 영상 제작자와 댓글을 다는 콘텐츠 이용자들의 행위를 그저 드라마를 '본다'라고만 할 수 있을까? 드라마의 내용과 표현 기법을 분석하여 의미를 해석하고 숨겨진 의도나 의미를 찾아내는 등의 행위는 단순한 '시청'의 차원을 넘어선다. 의미를 해석하고 숨은 의미까지 추론하는 것은 분명히 '읽기'의 차원이다. 그렇다면 위 사례에 대해서는 '드라마를 본다'기보다는 '드라마를 읽는다'라고 설명하는 편이 더 적절하다. 드라마라는 매체 콘텐츠가 하나의 '텍스트로서 읽히는' 것이다.

이처럼 매체 환경의 변화는 텍스트의 모습과 형태를 크게 바꾸어 놓았다. 특히 디지털 매체 기술이 발달하면서 우리는 더 이상 지면(종이) 위의 글자만 읽지 않는다. 이제는 화면(스크린) 속에서 문자, 소리, 이미지, 심지어는 영상까지 뒤섞인 복합적인 텍스트를 읽고 쓰는 시대이다. 이러한 텍스트의 변화를 국어 교육의 관점에서 살펴보자면, 인간의 생각이나 감정을 나타내기 위해 사용할 수 있는 언어와 기호가 다양해졌다고 설명할 수 있다. 문자 언어 외에 음향이나 내레이션(음성), 몸짓이나 움직임, 화면의 배치와 구도와 같은 다양한 기호가 의미를 만들고 소통을 매개하는 중요한 도구로 함께 쓰이게 된 것이다.

이렇게 다양한 형태의 언어와 기호가 복합적으로 작용하며 의미를 만드는 텍스트를 일컬어 '복합 양식 텍스트 multimodal text'라고 한다. 그리고 이러한 복합 양식 텍스트를 읽고 쓰며 활용하는 능력을 '복합 양식 문해력 multimodal literacy'이라고 한다.

앞서 언급한 드라마도, 드라마 리뷰 영상도 모두 복합 양식 텍스트에 해당한다. 물론, 스크린 속 영상 자료만이 복합 양식 텍스트인 것은 아니다. 그림책, 인쇄 광고, 그래프나 사진 등의 시각 자료를 포함한 뉴스 기사도 모두 복합 양식 텍스트이다. 모두 '다양한 형태의 언어와 기호가 함께 작용하며 특정한 의미를 만들어 내고 있기' 때문이다.

그렇다면 '다양한 형태의 언어와 기호가 함께 작용하며 특정한 의미를 만든다'는 말은 무슨 뜻일까? 이 말의 의미를 이해하기 위해 대표적인 복합 양식 텍스트인 영상 광고를 살펴보자.

다음 페이지의 광고는 N사(社)의 사이다 광고이다. 이 영상 광고는 제품 홍보를 위해 단순히 제품 이미지나 정보를 노출하는 방식을 택하지 않았다. 탄산음료 제품을 모두 의인화한 후, 등장인물의 이미지(성별이나 외양)와 의상 색깔, 내레이션, 인물 배치, 카메라 구도 등 다양한 시각적·청각적 기호를 총동원하여 하나의 이야기를 만들어 낸다.

구체적으로 살펴보면, 이 광고에서는 탄산음료 제품을 인물의 외양과 의상 색깔로 표현했다. 경쟁사 제품인 C 콜라와 C 사이다를 각각 빨간색과 초록색 옷을 입은 여성 캐릭터로 표현했다(사진 1, 2). 그리고 각 음료의 부정적 요소를 명시적으로 드러내기 위해 '색소'와 '칼로리'라는 문자가 적힌 팻말을 사용했다. 반면, 자사 제품은 흰색 정장을 입은 남성으로 표현했다(사진 3). 이는 '무색소, 무첨가'의 특징을 분명히 드러낼 뿐 아니라 경쟁사 제품과는 뚜렷하게 구별되는 효과가 있다.

광고의 메시지는 화면 배치와 구도, 카메라 연출을 통해

1. 색소: 'C 콜라'를 상징하는 빨간색 옷을 입은 여자

2. 칼로리: 'C 사이다'를 상징하는 초록색 옷을 입은 여자

3. 남자 중심 벡터 및 구도 배치

4. 위에서 내려다보는 구조

복합 양식 텍스트의 예[3]

더욱 선명하게 드러난다. 흰옷을 입은 남성이 다른 캐릭터들을 모두 제치고 계단을 오르는 상승 구도를 연출한다든지, 다른 캐릭터들을 위에서 내려다보는 구도(사진 4)를 취함으로써 자사 제품이 경쟁사 제품에 비해 우월하다는 메시지를 시각적으로 전달하는 것이다.

    이 광고를 제대로 이해하려면 문자 언어뿐 아니라 텍스트를 구성하는 다양한 기호들이 어떤 방식으로 결합하여 의미를 만드는지를 주의 깊게 살펴야 한다. 캐릭터의 이미지, 의상 색깔, 화면 구도, 카메라 연출 등이 어떻게 결합하고 있으며 어떤 의미와 상징성을 드러내는지를 주의 깊게 읽어 내야 한다는 뜻이다. 만약 이런 요소들을 놓친다면, 이 광고는 그저 이미지 중심의 탄산음료 광고 정도로 보일 수 있다. 기호들을 주의 깊게 읽어야만 광고가 의도한 진짜 메시지, 즉 경쟁사 제품과의 비교를 통해 자사 제품의 우월성을 드러내려는 전략을 간파할 수 있다.

이처럼 복합 양식 텍스트의 의미는 다양한 언어와 기호가 결합하는 과정에서 만들어진다. 이러한 점에서 복합 양식 텍스트를 이해하는 과정은 단순한 '보기'가 아니라 '읽기'이다. 문자 언어와 더불어 색상, 이미지, 화면 구도 등 다양한 기호가 어떻게 의미를 만들고 어떤 상징성을 가지는지를 해석하는 과정이 곧 복합 양식 텍스트 읽기이다.

오늘날과 같은 디지털 매체 환경에서는 순수하게 문자 언어로만 이루어진 전통적 텍스트는 오히려 찾아보기 어렵다. 디지털 매체 환경에서 살아가는 우리가 가장 자주 접하는 텍스트는 글자, 이미지, 소리, 영상 등이 결합된 복합 양식 텍스트이다. 따라서 복합 양식 텍스트를 읽는 능력은 점차 더 중요해질 것이다. 그렇다면, 복합 양식 텍스트는 어떻게 읽어야 할까?

　복합 양식 텍스트 읽기의 핵심은 어떤 기호가 의미를 전달하는지 발견하고 각각의 의미를 해석하는 것이다. 이를 위해서는 문자 언어 외에 다양한 기호가 의미를 전달할 수 있다는 확장된 언어관이 전제되어야 한다. 그리고 이러한 확장된 언어관을 토대로 다양한 기호의 쓰임과 작용을 적극적으로 포착하려는 자세가 필요하다. 나아가 개별 기호의 의미나 상징성을 독립적으로 파악하는 데 그치지 않고, 이것들을 종합하여 하나의 일관된 의미로 만들어 내야 한다. 물론 각 기호가 전달하고자 하는 의미나 상징이 고정되어 있는 것은 아니다. 의미는 해석과 탐구의 과정을 통해 비로소 드러난다. 그러므로 복합 양식 텍스트를 읽는 우리에게 진정으로 필요한 것은 '의미를 탐구하는 자세'이다.

　사실 복합 양식 텍스트를 읽고 쓰는 행위가 '전에 없던 새로운 읽기나 쓰기'인 것은 아니다. 과거에도 그림, 삽화, 색채, 글자나 그림의 크기 등이 문자와 함께 의미를 전달하는 데 사용되었다. 달라진 점은 디지털 매체 환경에서는 이러한 요소들이 훨씬 더 자주, 더 넓게 활용된다는 사실이다.

　돌이켜 보면, 우리 모두 글자뿐 아니라 그림을 통해 읽고 표현하며 소통하는 것이 익숙했던 시절이 있었다. 어린 시절 우리의 주된 읽기는 그림책이었고, 자주 하는 쓰기 활동은 그림일기 쓰기였다. 물론 이때에는 '문자 언어를 통한 의사소통이 미숙하기 때문에' 그림이나 이미지를 문자 언어의 보조적 수단 또는 대안적 표현으로 활용한 것에 가깝다.

하지만 지금은 상황이 다르다. 우리는 문자 언어를 통한 소통에 능숙해졌음에도 여전히 그림과 이미지를 소통의 중요한 수단으로 활용하고 있다. 이제 이미지 읽기는 더 이상 문자 읽기의 보조적이거나 대체적인 수단이 아니다. 문자 언어와 더불어 다양한 기호의 의미를 이해하고 읽어 낼 수 있게 되면서, 우리가 활용할 수 있는 의사소통 자원의 폭이 확대된 것으로 이해해야 할 것이다.

❝❞ 매체와 함께 '읽기'도 진화한다!

미디어(매체)는 메시지다. The Medium is the Message.

저명한 매체 연구자인 마셜 매클루언 Marshall McLuhan이 남긴 이 말은 오늘날에도 매체 교육의 중요성을 뒷받침하는 핵심 명제로 꼽힌다. 메시지를 전달하는 수단이 매체인데, 매체가 곧 메시지라는 것은 무슨 뜻일까?

한 축구 선수가 축구 대표팀의 화합을 해치는 행동을 하고 난 뒤, 잘못을 뉘우치고 있음을 밝히는 대국민 사과문을 인터넷에 게시한 적이 있다. 사건이 발생한 후, 발 빠르게 사과문을 올렸음에도 대중들은 "똑바로 사과하라!", "반성의 기

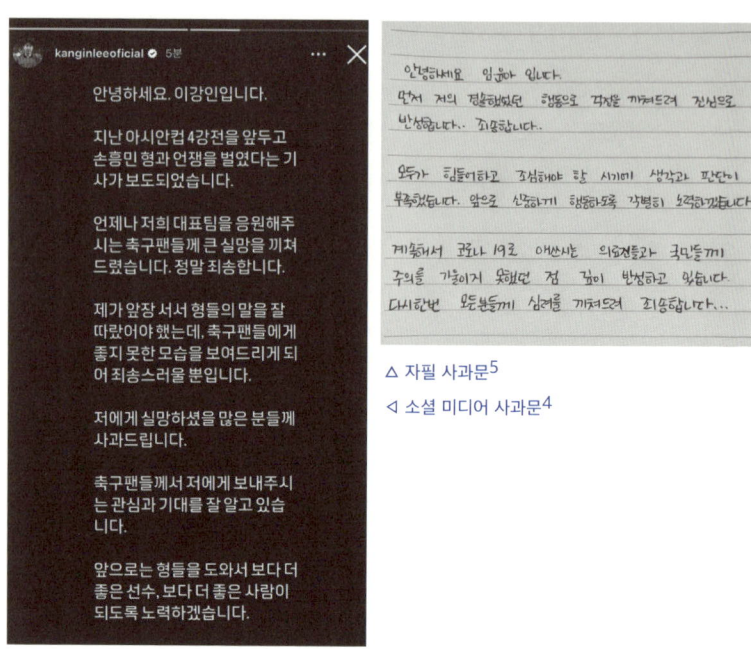

△ 자필 사과문[5]
◁ 소셜 미디어 사과문[4]

매체에 따라 사과문이 전달하는 메시지가 달라지는 예

미가 없다."라고 말하며 해당 선수를 질타했다. 사과문에 반성과 재발 방지 의지가 분명히 담겨 있었음에도 대중의 반응이 이토록 싸늘했던 이유는 무엇이었을까?

대중들은 사과문의 내용이 아니라, 사과문을 올린 곳이 소셜 미디어, 그것도 24시간이 지나면 자동으로 글이 사라지는 게시판인 것이 문제라고 꼬집었다. 대중들은 해당 매체에 사과문을 올린 것을 '무성의하고 진정성이 없는 태도'로 해석한 것이다. 이러한 대중들의 반응은 사과문의 내용이 아니라 형식, 다시 말해 '어떤 매체를 통해 사과가 이루어졌는가?'에 주목한 결과이다. 내용이 아무리 곡진한 반성과 사과의 의도를 담고 있다고 하더라도, 어떠한 매체를 선택하는지에 따라 전달되는 의미가 다르기 때문이다.

상황이 이렇다 보니 공인들이 공식적인 사과가 필요할 때 활용하는 전통적인 매체가 있다. 바로 '손 편지'이다. 코로나 시기에 사회적 물의를 일으킨 한 연예인이 자신의 SNS에 자필로 작성한 사과문을 사진으로 찍어 올린 것도 이러한 사회적 맥락에 바탕을 둔다. 축구 선수의 사례와 마찬가지로 사과문을 게시한 곳은 SNS로 동일하지만, '굳이' 자필 사과문을 작성하고 이를 사진으로 찍어서 올리는 방법을 택한 것은 메시지에 미치는 매체의 힘을 고려한 것이라 할 수 있다. 한 글자 한 글자 꾹꾹 눌러 적은 손 편지는 그 자체로 '진심 어린 반성'의 의미를 전달한다. 같은 내용이라도 타이핑한 사과문과 손으로 직접 작성한 사과문은 전혀 다른 효과를 낸다. 매체가 사과문의 내용과 함께 메시지를 만들어 내는 것이다.

이처럼 매클루언은 매체를 단순히 메시지를 담아 전달하

는 '그릇'으로 보지 않았다. 오히려 매체 자체가 메시지를 구성하며, 사람들이 그것을 이해하고 해석하는 방식에 영향을 미친다고 보았다. 매체에 따라 전달되는 메시지의 내용이 달라질 수 있고, 나아가서는 메시지를 이해하는 인간의 사고, 메시지를 주고받는 소통의 방법과 문화 등이 달라질 수 있다고 본 것이다.

그렇다면 읽기는 어떠한가? 읽기는 본질적으로 독자가 매체가 전달하는 메시지를 스스로 파악하여 **의미를 구성하는 행위**★이다. 따라서 매체가 변하면, 그 매체를 통해 전달되는 메시지를 이해하고 소통하는 과정이자 행위인 읽기도 달라질 수밖에 없다. 앞서 살펴본 사례처럼, 매체는 단순히 메시지를 전달하는 그릇이 아니며, 소통 방식이나 문화를 규정하기 때문이다. 그리고 이에 따라 독자가 메시지를 이해하는 방식, 즉 읽는 방법이나 문화도 달라진다. 종이에 인쇄된 텍스트를 읽는 것과 디지털 화

★ 의미 구성으로서의 읽기

의미 구성(meaning construction, meaning making)은 독자가 텍스트의 의미를 단순히 수동적으로 받아들이는 것이 아니라, 자신의 배경지식과 경험, 상황 및 사회·문화적 맥락을 바탕으로 텍스트와 능동적으로 상호작용하며 의미를 만들어 나가는 과정 또는 그러한 행위를 뜻한다. 이는 텍스트 자체의 정보뿐 아니라 독자가 가진 다양한 자원(resources)과 맥락적 요소가 결합되어 이해가 이루어진다는 점을 강조하며, 읽기에서 독자의 적극적 역할과 맥락의 중요성을 부각한다.

면에서 텍스트를 읽는 것이 동일하지 않다는 점은 누구나 쉽게 공감할 수 있을 것이다. 바로 이런 점에서 읽기는 매체의 변화와 함께 끊임없이 '진화'한다고 볼 수 있다.

매체의 발전 과정을 따라가 보면, 읽기가 어떻게 달라졌는지 확인할 수 있다. 읽기 매체는 인쇄 매체로부터 시작하여, 영상/전자 매체, 디지털 매체에 이르는 변화를 겪었다. 대표적인 매체 유형별로 읽기가 어떻게 달라져 왔는지 살펴보자.

우선 전통적인 인쇄 매체인 책이나 신문을 떠올려 보자. 인쇄 매체는 종이로 되어 있기 때문에 손으로 만질 수 있고, 페이지를 넘기며 종이 특유의 질감을 느낄 수 있으며, 책 특유의 냄새까지 경험할 수 있다. 또한 독자는 연필로 밑줄을 긋거나 여백에 간단한 메모를 적는 등 종이 위에 자신의 읽기 흔적을 남길 수도 있다. 무엇보다 인쇄 매체는 기본적으로 문자 언어로 작성된 줄글 형태로 되어 있어, 내용이나 정보가 선형적으로 linear 배열되어 있다. 문장과 문단이 차례대로 이어지므로 독자는 이 흐름을 따라가며 읽기를 해 나가게 된다. 즉 인쇄 매체 읽기에서 독자는 문장과 문단을 꼼꼼하게 살피고, 앞뒤 내용이 어떻게 연결되는지를 추론하고 전체적으로 종합하여 의미를 구성할 수 있어야 한다.

반면, 디지털 매체는 인쇄 매체와는 다른 특성을 지닌다.

블로그, SNS, 인터넷 뉴스 등과 같은 디지털 매체에서 독자가 읽어야 하는 텍스트는 종이가 아니라 기기의 화면을 통해 제시된다. 종이처럼 손으로 직접 만지거나 냄새를 맡을 수는 없지만, 대신 키보드나 마우스, 터치스크린을 이용해 조작할 수 있고 필요한 부분에 즉시 메모하거나 밑줄을 그을 수도 있다. 또한 디지털 매체는 문자 언어 외에 이미지, 영상, 소리, 음악, 이모티콘 등 다양한 기호가 결합해 메시지를 구성한다. 이러한 특성을 복합 양식성multimodality이라고 한다. 독자는 단순히 글자만 읽는 것이 아니라, 화면에 제시된 다양한 시각적·청각적 기호들을 동시에 해석하며 의미를 구성해야 한다.

다양한 정보가 하이퍼링크로 연결되어 제시되는 것은 디지털 매체의 또 다른 특징이다. 독자는 한 텍스트 내에서 링크로 연결되어 있는 정보로 곧바로 이동할 수 있고, 실시간으로 새로운 자료를 탐색하거나 확인할 수 있다. 이러한 점에서 디지털 매체 환경에서의 읽기는 단일 텍스트를 깊이 있게 읽어 가는 것이기보다는 독자의 필요와 목적에 따라 복수의 텍스트를 연결해 가며 의미를 구성하는 과정이라고 할 수 있다.

이처럼 매체가 발달함에 따라 읽기의 방식도 달라졌다. 그리고 이러한 변화는 단순히 개인의 읽기 습관을 바꾸는 데 그치지 않고, 읽고 교육의 목표를 수립하거나 교육 내용을 선정하는 데 큰 영향을 미치고 있다. 오늘날의 학생들은 이미 온라인 커뮤니티, 유튜브, SNS 등 다양한 디지털 매체 속에서 메시지를 접하고 해석하는 경험을 하고 있다. 읽기 수업은 당연히 이러한 현실을 반영해야 한다. 읽기 수업의 본령은 '지금, 여기'를 살아가는 학습자들이 필요로 하는 읽기, 당장 익혀 사용하고 실천해야 하는 읽는 방법과 문화를 가르치는 과정이기 때문이다.[6]

결국 매클루언이 제시한 "미디어는 메시지다."라는 명제는 단순한 이론적 담론이 아니며, 오늘날 읽기 교육이 나아가야 할 방향을 제시하는 나침반과도 같다. 매체가 변하면 메시지도 변하고, 메시지가 변하면 읽기도 변한다. 읽기 교육은 현재의 학생들이 살아가는 매체 환경 속에서 새로운 형태의 읽기를 배우고 실천할 수 있도록 안내해야 한다.

그렇다면 우리는 이런 질문을 던질 수 있다. 디지털 환경에서 살아가는 '요즘' 학생들은 무엇을, 어떻게 읽고 있는가? 요즘 학생들이 배우는 읽기는 전통적인 읽기와 어떤 점에서 다른가? 이 질문을 풀어 가는 과정은 현재의 읽기 교육을 이해하고, 나아가서는 미래의 읽기 교육을 모색하는 길이 될 것이다.

요즘 아이들이 배우는 읽기는 다르다? (1)
- 얕고 넓게 읽는 것이 때로는 미덕일 수 있다![7]

전통적으로 학교에서 강조해 온 읽기는 텍스트를 **꼼꼼하게 읽고**★, 깊게 읽는 것이었다. 이는 한 편의 텍스트를 처음부터 끝까지 차분히 읽고, 문장과 문단의 세부 내용까지도 곱씹으며 전체 맥락을 파악하면서 읽는 방식을 뜻한다. 인쇄 매체 환경의 대표적인 매체인 책이나 신문을 생각해 보자. 이 매체들은 모두 출판사와 편집자의 검증 과정을 거치며 걸러진 양질의 정보를 반영하고 있다. 따라서 독자는 매체에 대한 신뢰를 바탕으로 텍스트에 몰두하여 의미를 파악하고 이를 토대로 학습하고 사고를 확장할 수 있었다. 인쇄 매체 환경에서 이러한 꼼꼼히 읽기, 깊이 읽기는 학습과 사고의 기반이었다.

그러나 디지털 매체 환경은 상황을 바꾸어 놓았다. 디지털 공간에는 검증되지 않거나 출처가 불분명한 수많은 정보가 쏟아지고, 왜곡된 정보나 가짜 뉴스가 범람한다. 이러한 상황에서 전통적인 꼼꼼히 읽기를 고집하는 것은 오히려 독자를 위험에 빠뜨릴 수 있다. 한 편의 텍스트를 신뢰하며 깊이 몰입하여 읽다 보면, 가짜 뉴스에 속아 넘어가기 쉽기 때문이다. 그렇다면 현재의 디지털 매체 환경에서 살아남기 위해 독자가 배우고 익혀야 할 읽기는 무엇일까? 요즘 학생들은 수업 시간에 어떤 읽기를 배우고 있을까?

다음 페이지의 그림은 2015 개정 국어과 교육 과정에 따라 만들어진 『고등학교 독서』 교과서에 제시된 읽기 활동의 사례이다. 왼쪽에 제시된 활동은 '매체의 특성을 고려한 글 읽기'라는 교과서 단원에 포함된 것으로, 양질의 정보를 얻기 위해 디지털 매체를 확인하고 탐색하는 방법을 다룬다.

> ★ **꼼꼼히 읽기(close reading)**
> 꼼꼼히 읽기는 텍스트에 대한 깊이 있는 이해를 위해 독자가 텍스트의 내용, 구조, 표현 등을 세세하게 살펴보고 이를 바탕으로 논리적으로 추론하며 텍스트 전체의 의미를 정교하고 심도 있게 이해하는 읽기 방법을 뜻한다. 꼼꼼히 읽기는 독자의 배경지식이나 경험보다는 텍스트 자체의 단서나 증거를 근거로 의미를 구성하는 것을 강조한다. 이러한 읽기는 텍스트 이해를 심화할 뿐 아니라, 비판적·논리적 사고력의 신장으로 이어진다는 점에서 읽기 교육의 중요한 목표이자 내용으로 다루어져 왔다.

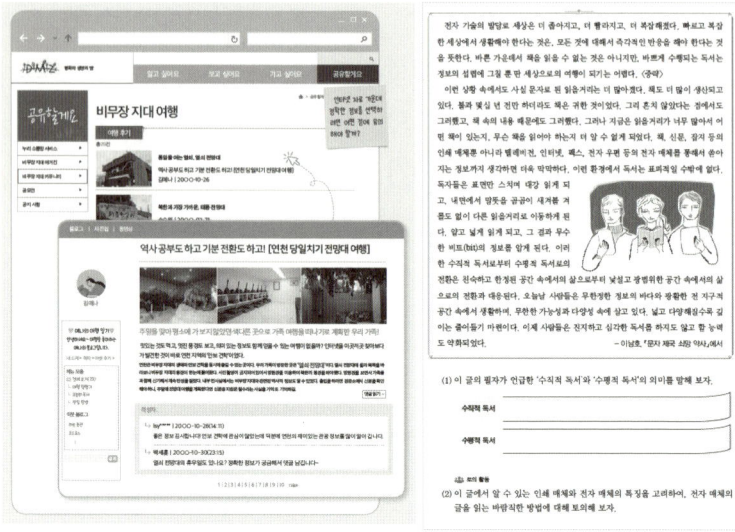

『고등학교 독서』(2015 개정 교육 과정, 미래엔)　　『고등학교 독서』(2015 개정 교육 과정, 지학사)

독서 교과서 속 읽기 활동의 사례

　　이 활동은 디지털 매체 환경에서 확장된 읽기의 모습을 잘 보여 준다. 전통적인 인쇄 매체 환경에서는 독자가 이미 검증된 책이나 자료를 읽었기 때문에 '무엇을 읽을 것인가'에 대한 고민이 크게 부각되지 않았다. 그러나 디지털 매체 환경에서는 상황이 다르다. 수많은 정보 가운데 신뢰할 수 있는 양질의 자료를 선택하는 것이 읽기의 출발점이기 때문이다. 실제로 교과서에서도 학생들에게 블로그, 댓글, 공식 기관의 사이트 등 다양한 디지털 매체 자료에서 양질의 정보를 얻기 위해 유의해야 할 점을 강조한다. 이를 통해 학생들은 매체의 성격이나 출처의 종류에 따라 정보의 질이 달라질 수 있음을 이해하고, 그에 맞추어 정보를 선별하고 검증할 수 있는 능력을 길러 나가게 된다.

오른쪽에 제시된 활동에서는 디지털 매체 환경의 특성을 고려할 때 읽기 방식이 어떻게 달라져야 하는지를 학생들에게 묻고 있다. 교과서에서는 정보가 과잉으로 제공되는 디지털 매체 환경에서 읽기는 '표피적일 수밖에' 없으며, 한 구절 한 구절의 의미를 곱씹어 볼 겨를도 없이 다른 읽을거리로 넘어갈 수밖에 없다고 말한다. 그러므로 한 편의 텍스트를 처음부터 끝까지 읽기보다는 여러 자료를 넘나들며 정보를 비교, 검토하며 읽는 방식이 필요하다고 제안한다. 이는 주어진 텍스트를 꼼꼼하게 읽으며 그 뜻을 새기는 데 중점을 두는 전통적인 읽기 방식과는 확연하게 구분되는 새로운 읽기 방식이다. 교과서 속 표현을 따르면 전통적인 읽기 방식은 '수직적 읽기 vertical reading'이고 디지털 매체 환경에서 새롭게 요구되는 읽기 방식은 '수평적 읽기 lateral reading'이다.

교과서에서는 수평적 읽기의 필요성을 인정하면서도 전통적인 수직적 읽기가 약화되는 현실에 대한 우려를 드러내

수직적 읽기(왼쪽)와 수평적 읽기(오른쪽)

었다. 학습은 기본적으로 꼼꼼히 읽기를 통해 이루어지며, 심층 사고 또한 한 편의 텍스트를 곱씹는 과정에서 촉발되기 때문이다. 이러한 점에서 수직적 읽기가 약화되는 것에 대한 우려는 충분히 타당하다.

그러나 '오정보誤情報'와 '가짜 뉴스'가 넘쳐나는 디지털 매체 환경에서 전통적인 수직적 읽기만으로는 독자가 스스로를 보호하고 양질의 학습을 하기에 한계가 있다. 의미 있는 학습과 심층 사고를 위해서는 하나의 텍스트에만 몰두하기보다 여러 출처를 비교하고, 정보의 맥락을 파악하며, 신뢰성을 검증하는 새로운 읽기 방식이 요구된다.

최근 학계와 국제기구의 논의도 이러한 방향을 강조하고 있다. 예컨대 OECD에서는 21세기 독자가 갖추어야 할 핵심 역량으로 '다중 출처 읽기 multiple-source reading'를 제시했다. 이는 다양한 출처를 넘나들며 필요한 정보를 전략적으로 찾고 dynamic navigation, 서로 다른 관점과 자료를 교차 비교하며, 자료의 신뢰성과 객관성을 검증하는 능력이다 triangulate viewpoints. 이러한 읽기 방식은 앞서 언급한 수평적 읽기와 긴밀하게 연결된다.

미국의 스탠퍼드 대학교의 샘 와인버그 Sam Wineburg 교수 팀의 연구는 이를 뒷받침한다. 연구 팀에서는 대학생, 역사학자, 그리고 언론사의 현직 팩트 체커 fact checker 집단을 대상으로 인터넷 자료의 신뢰성을 평가하는 실험을 진행했다. 그 결과, 대학생과 역사학자는 하나의 자료를 깊이 파고들며 수직적으로 읽었지만 그럴듯한 홈페이지 로고나 웹사이트 주소에 쉽게 현혹되었다. 반면, 팩트 체커들은 여러 사이트를 동시에 열어 빠르게 텍스트를 훑고 출처를 교차 확인하는 등 수평적으로 읽는 방식을 통해 훨씬 더 가짜 정보를 정확하게 판별했다.

이처럼 하나의 텍스트에만 몰두하지 않고 다양한 자료를 넘나들며 신속하게 정보나 출처를 비교, 검증하는 식의 수평적 읽기는 디지털 매체 환경에서 요구되는 새로운 읽기 능력이다. 물론 수평적 읽기를 강조하는 것이 곧 수직적 읽기를 부정하는 것은 아니다. 여전히 심층적 이해와 학습을 위해서는 수직적 읽기가 필수적이다. 중요한 것은 매체 유형에 따라 효과적인 읽기 방식이 다르며, 상황에 맞게 적절한 읽기 방식을 선택하여 활용할 수 있도록 다양한 읽기를 균형적으로 배우고 익혀야 한다는 것이다.

요즘 아이들이 배우는 읽기는 다르다? (2)

– 텍스트 너머의 알고리즘까지도 읽어야 한다!

매체의 발전은 독자의 읽기 과정과 행위를 전반적으로 변화시키고 있다. 디지털 매체는 텍스트의 유형이나 읽기 방식에만 영향을 미치는 것이 아니다. 무엇을 읽을 것인지 선택하는 과정, 읽기를 시작하는 시점, 특정 텍스트나 콘텐츠를 읽는 데 시간을 할당하는 정도, 읽기를 지속할지 여부, 나아가서는 정보를 해석하는 관점에 이르기까지, 읽기의 전 과정에 포괄적으로 영향을 미치고 있다.

그중에서도 오늘날 독자의 읽기에 가장 깊숙이 관여하는 매체는 단연 인공 지능 알고리즘 AI-algorithm이다. 알고리즘 기반의 큐레이션 curation과 추천 시스템은 독자가 어떤 콘텐츠들을 접하게 될지부터 해당 콘텐츠들을 얼마나 오래, 자주 소비할지까지 결정한다. 이러한 점에서 오늘날의 알고리즘은 단순히 콘텐츠를 전달하는 도구적 기술을 넘어, 콘텐츠 자체를 구성하고 독자와 콘텐츠 사이에서 의미 작용을 유도하는 매체로서의 역할을 수행한다고 볼 수 있다. 다시 말해, 알고리즘은 '무엇을 읽는가'뿐 아니라, '왜 읽는가', '어떻게 읽게 되는가'에까지 영향을 미치는 보이지 않는 매체로 작용하고 있다. 직접 눈에 보이지는 않지만, 읽기의 조건과 방향을 근본적으로 규정하는 힘을 지니고 있는 것이다.

인공 지능 알고리즘은 이용자의 과거 행동, 취향, 관심 분야 등과 관련된 방대한 데이터를 분석하여 '맞춤형 콘텐츠'를 제공한다. 즉, 이용자가 좋아할 만한 텍스트나 콘텐츠를 선별해 추천할 뿐 아니라, 언제, 어떤 내용을 읽게 될지를 사실상 결정한다. 겉보기에 이러한 알고리즘의 추천은 '이용자를 위한 친절한 서비스'처럼 보인다. 그러나 실제로는 이용자가 이미 알고 있거나 선호하는 정보만을 반복적으로 노출함으로써, 기존의 신념과 사고방식을 더욱 강화한다. 이처럼 알고리즘이 이용자의 관심사나 성향, 검색 기록 등을 바탕으로 맞춤형 정보만을 제공하여 이용자가 자신의 기존 관점과 유사한 정보만 접하게 되는 현상을 일컬어 '필터 버블filter bubble'이라고 한다. 필터 버블에 갇힌 독자는 세계를 다각도로, 균형 잡힌 시각으로 바라보기 어렵고, 특정한 관점에 고착될 가능성이 높아진다는 점에서 위험하다.

알고리즘이 개입하는 디지털 매체 환경에서의 읽기는 독자가 필요로 하거나 선호할 만한 정보를 빠르고 풍부하게 얻을 수 있다는 점에서 분명 편리하고 효율적이다. 그러나 이러한 읽기는 세계에 대한 깊이 있는 이해와 성찰을 촉발하는 심층적 읽기로 이어지기 어렵다. 오히려 읽기의 본질이라고 할 수 있는 비판적 사고의 확장과 주체적 의미 구성을 약화시킬 수 있다는 점에서 심각한 문제를 내포하고 있다.

한편, 이용자가 알고리즘 추천에 의존하게 될수록 알고리즘을 설계·소유한 기업과 플랫폼의 경제적 이익은 극대화된다. 알고리즘은 수익 창출 구조와 긴밀하게 맞물려, 특정 주체의 이익을 극대화하는 방향으로 콘텐츠를 선별하여 노출시키기 때문이다. 예컨대, 여가 시간에 맞춰 울리는 추천 알림은 이용자가 기존에 즐겨 보던 콘텐츠만을 반복적으로 소비하게 만든다. 그 결과, 콘텐츠 제공 기업은 이용자의 체류 시간을 늘려 지속적인 이윤을 확보하게 된다.

결국 알고리즘은 오늘날 독자가 무엇을, 언제, 어떻게 읽을지를 보이지 않는 곳에서 조율하는 매체로 기능하고 있는 셈이다. 이는 알고리즘이 단순한 기술을 넘어, 읽기 환경을 조성하고 독자의 의미 구성에 개입하는 새로운 형태의 매체임을 보여 준다.

AI 왜 이러나… 온·오프라인 속 여전한 인종차별

흑인을 영장류로 오인한 페이스북 동영상 추천 AI 기능
"AI 전면 비활성화시키고, 근본적 원인 조사하겠다" 사과
주택대출 승인률도 백인보다 현저히 낮아.. 80% 통과 못 해
인종 간 빈부격차 줄이면 미 경제 28년까지 1조5000억 달러↑

AI 기반 알고리즘 추천의 편견 재생산 문제를 다룬 기사의 헤드라인[8]

문제는 여기서 끝나지 않는다. 알고리즘은 우리 사회에 내재한 편견과 차별을 학습하고 재생산하기도 한다. 흑인 남성을 유인원으로 인식한 영상 추천 사례나 흑인에 대한 주택담보 대출 승인율이 현저히 낮게 나타난 사례 등은 알고리즘이 단순한 기술을 넘어, 사회적 불평등과 차별을 반영하고 확대하는 매체로 기능하고 있음을 보여 준다.

이러한 문제가 발생할 때마다 기업이나 기술 개발자들은 알고리즘을 수정하거나 개선하며 문제 해결을 시도했지만, 이는 어디까지나 사후적 조치에 불과하다. 언제, 어떤 검색 결과나 추천 콘텐츠에서 이러한 편향이 재생산될지 모르는 상황에서, 우리에게 필요한 것은 사전 대응이다. 즉, 알고리즘이 어떻게 편향을 반복적으로 드러낼 수 있는지를 미리 인식하고 대응할 수 있는 이용자의 역량이 무엇보다 중요하다.

결국 오늘날의 독자에게 요구되는 것은 단순히 알고리즘을 효과적이고 다채롭게 활용할 수 있는 능력에 그치지 않는다. 알고리즘의 작동 방식과 그것이 사회에 미치는 파급 효과를 비판적으로 인식하고, 그 사회·문화적 함의까지도 주체적으로 해석하려는 태도가 필수적이다.

인공 지능 기술이 깊숙이 개입하는 매체 환경에서 읽기는 더 이상 텍스트의 내용이나 정보를 해석하는 데에 머물 수 없다. 이제 독자는 '텍스트 너머의 것'을 읽는 역량을 갖추어야 한다. 즉 독자는 '이 텍스트는 누가, 어떤 목적에서 제작했는가?, 왜 지금 이 시점에 나에게 추천되었는가?, 이 콘텐츠가 내게 전달되기까지 어떤 경로를 거쳤는가?, 이 콘텐츠를 선택함으로써 이익을 얻는 주체는 누구인가?'와 같은 질문을 끊임없이 던져야 한다. 읽기는 텍스트 자체를 넘어, 그것을 둘러싼

사회·문화적 맥락★까지 해석하는 행위로 확장되고 있다.

이처럼 매체 환경이 급변하고 알고리즘이 읽기에 깊숙이 개입하게 되면서 알고리즘의 작동 원리와 그 효과를 비판적으로 이해하고 대응하는 능력, 즉 비판적 알고리즘 문해력 critical algorithm literacy은 더 이상 소수의 전문가에게만 요구되는 특수한 역량이 아니다. 오늘날 디지털 매체 환경에서 의사소통에 참여하는 사람이라면 누구에게나 요구되는 보편적이고 필수적인 읽기 능력이라 할 수 있다.

물론 이러한 새로운 읽기'들'의 등장이 전통적인 읽기를 부정하거나 대체하는 것은 아니다. 매체의 유형이 무엇이든, 읽기는 여전히 텍스트의 의미를 구성하는 과정이다. 다만, 매체가 달라지면 그 매체를 기반으로 이루어지는 읽기의 양상이나 방식 또한 크고 작은 변화를 겪게 된다. 이러한 점에서 매체 변화에 따른 읽기의 변화는 '대체'가 아니라 '진화'로 이해하는 것이 적절하다. 우리가 기억해야 할 것은 매체

> ★ **사회·문화적 맥락**
> 사회·문화적 맥락은 텍스트의 이해 및 해석에 영향을 미치는 사회의 가치, 이념, 권력 구조, 문화적 관습 등을 의미한다. 읽기 교육에서 사회·문화적 맥락을 중시하는 이유는 동일한 텍스트라도 독자가 처한 문화적 배경이나 사회적 상황에 따라 의미 구성이 달라질 수 있기 때문이다. 사회·문화적 맥락을 강조하는 것은 텍스트가 단순히 개인적 의미 구성의 산물이 아니라 사회적 담론과 문화적 가치, 권력 관계 속에서 생산되고 해석된다는 점을 강조한다.

가 진화할수록 읽기 역시 '다양화'되며, 이에 따라 우리는 끊임없이 새로운 읽기를 적극적으로 학습하고 실천해야 한다는 사실이다.

Class 3.

매체와 함께 진화하는 쓰기

'매체 쓰기'에서
'매체 너머의 쓰기'까지

❝ 쐐기 문자가
디지털 기록 매체의 시초라고?

    초기 문자 체계 중 하나인 쐐기 문자와 오늘날 디지털 글쓰기 사이에 공통점이 있다면 믿을 수 있겠는가? 터무니없어 보이지만 이 질문에 대한 답은 의외로 명확하다. 기원전 4000년경 메소포타미아 지역의 수메르인들이 점토판에 새긴 쐐기 문자는 놀랍게도 현대 디지털 기록 매체의 원형을 보여 준다. 정확히 말하면, 쐐기 문자를 새긴 점토판이라는 기록 매체와 현대의 디지털 저장 장치 사이의 유사성이다. 점토판에서 클라우드까지, 갈대 첨필에서 키보드까지, 인류의 기록 욕구는 매체만 바뀌었을 뿐 본질은 그대로다.[1]

    쐐기 문자는 수메르인들이 점토판에 날카로운 갈대 첨필

로 새긴 쐐기 형태의 기호로, 법률, 행정, 경제 거래부터 신화와 문학 작품에 이르기까지 모든 기록에 활용되었다.

쐐기 문자와 점토판, 갈대 첨필과 같은 **기록 매체**★의 등장[2]은 인류 문명 발전에 큰 영향을 미치게 되었다. 문자는 정보를 축적하고 전파하는 데 필수적인 도구로, 지식과 문화를 세대에 걸쳐 전달하는 역할을 하기 때문이다.

과거 수메르인들은 점토판에 새겨진 글자를 해독하고 암송하는 데 주력했다. '암송'은 구술 전통의 변형과 같은데, 수메르인들은 문자 기록 이전에 구술 전통으로써 지식을 전달했다. 구술 전통은 문학 작품을 외워서 전하는 방법으로, 이 과정에서 지식 전승이 이루어졌다. 그리고 '필기'를 통해 세금, 거래, 법률 등 다양한 정보를 기록하고 보존했다. 이는 기록 보관의 시작을 의미한다.

흥미로운 것은 그들의 기록 방식이다. 수메르인들은 젖은 점토판에 정보를 새긴 후, 태양에 말리거나 불에 구워서 단단하게 만들었다. 이를테면 점토판은 '최초의 공책'이라 할

★ **기록 매체**
정보를 물리적으로 또는 디지털 형태로 저장하고 보존·전파하는 모든 형태의 도구를 뜻한다. 고대의 돌, 파피루스, 점토판부터 현대의 하드 디스크, USB, 클라우드 서버까지 포함한다. 기록 매체는 단순히 정보를 저장 및 보존하는 것이 아니라, 각 시대의 기술 수준과 문화적 특성을 반영하며 인류의 지식 전달 방식을 결정짓는 핵심 요소다. 기록 매체가 바뀌면 글쓰기 방식도 변화한다.

점토판(왼쪽)과 갈대 첨필(오른쪽)[3]

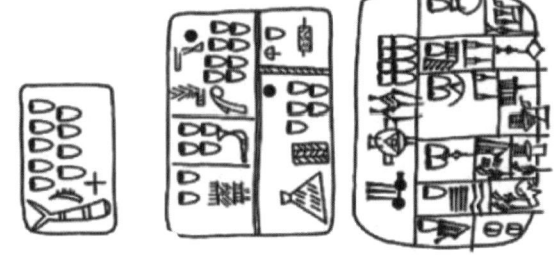

점점 복잡해지는 경제 문서 점토판[4]

수 있고, 갈대 첨필은 '최초의 필기구'인 셈이다.

이 점토판은 비교적 쉽게 제작할 수 있고 내구성이 뛰어나서 오랜 시간 동안 보존할 수 있었으므로, 중요한 기록을 보존하는 주요 매체로 기능했다.

점토판이라는 기록 매체는 오늘날 디지털 아카이브의 시

초로 볼 수 있다. 디지털 데이터 저장 및 전송 방식과 유사한 점이 있기 때문이다. 점토판의 이러한 특성은 현대에 와서 새로운 형태로 구현되었는데, 그 대표적인 사례가 바로 구글 북스 라이브러리 프로젝트이다.

'구글 북스 라이브러리 프로젝트Google Books Library Project'는 2004년 구글이 시작한 디지털화 프로젝트로, 전 세계의 책과 출판물을 디지털화하여 대중에게 제공함으로써 정보 접근성을 혁신적으로 확대했다. 이 프로젝트는 최근에 출판되는 출판물과 과거에 출판된 도서관의 수백만 권에 달하는 책을 스캔하고 디지털화하여 인터넷을 통해 대중에게 공개하고 있다.

구글 북스 라이브러리 프로젝트는 단순히 책을 디지털로 변환하는 것을 넘어, 수메르인들이 점토판을 통해 추구하고자 했던 지식의 영구 보존 목표를 21세기 기술로 구현했다는 점에서 주목할 만하다. 점토판이 물리적 내구성을 통해 정보를 보존했다면, 디지털 아카이브는 서버와 클라우드를 통해 데이터를 장기간 안전하게 보존한다.

정보를 저장하는 방식뿐만 아니라, 정보를 구조화하는 형태마저 점토판과 디지털 아카이브는 유사하다. 다음 페이지에 제시하는 사진은 메트로폴리탄 미술관에 소장된 기원전

메소포타미아 북부 아시리아의 상인들이 당시의 무역 식민지인 고대 도시 카네시에서 사용한 것으로 알려진 쐐기문자 점토판(기원전 1900~2000년경, 메트로폴리탄 미술관 소장)

1900~2000년경의 점토판이다. 상인들이 사용한 이 점토판에는 캐러밴 운송으로 발생한 수입과 지출이 체계적으로 기록되어 있다. 단순한 나열이 아니라 항목별로 분류하고, 계산하고, 요약한 것이다. 이는 현대의 엑셀 스프레드시트와 다를 바 없는 데이터 구조화 방식이다. 메소포타미아 상인의 점토판과 오늘날 현대인이 사용하는 엑셀 스프레드시트는 형태만 다를 뿐, 정보를 구조화하는 방식은 놀랍도록 유사하다.

쐐기 문자의 역사는 오늘날 디지털 기록 매체에 여전히 중요한 역할을 한다. 인류가 정보를 어떻게 기록하고 보존·전파해 왔는지를 알 수 있게 할 뿐만 아니라, 특정 사건에 대한 당시의 해석과 관점을 보여 준다.

수메르인들은 쐐기 문자로 특정 사건에 대한 이슈나 역사도 기록했는데, 이러한 기록은 디지털 아카이브에서 사회적 기억 Social Memory을 형성하고 유지하는 역할과 같은 맥락이다. 쐐기 문자와 디지털 아카이브는 역사와 공공 기억을 기록하는 과정으로, 그 기억을 유지하고 소통을 확장하는 데 기여하고 있기 때문이다.

예를 들어, 2020년 초 코로나 19 팬데믹이 발생하면서, 도서관 사서, 각종 기록 보관 담당자, 그리고 문화유산 보존에 관심 있는 사람들은 세계적 팬데믹이 지역 사회에 미친 개인적·문화적·사회적 영향을 기록하기 시작했다. 이것은 '코로나 19 웹 아카이브 COVID-19 Web Archive'[5]라는 명칭으로 구축되었는데, 125개 이상의 도서관, 기록 보관소, 문화유산 기관에서 제작한 160개 이상의 웹 아카이브 컬렉션을 하나의 통합 플랫폼으로 모은 것이다.

이는 고대 메소포타미아의 재난과 위기를 기록한 방식과 맥을 같이한다. 함무라비 법전에는 홍수나 가뭄 같은 재난 시

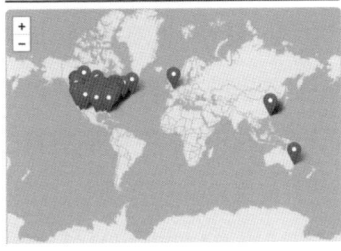

'COVID-19 웹 아카이브' 메인 화면

대응 방안이 법조문으로 명시되어 있는데, 이는 단순한 법률 조항을 넘어 당시 사회가 위기를 어떻게 인식하고 대응했는지를 보여 주는 역사적 기록이다. 마찬가지로 '코로나 19 웹 아카이브' 역시 전 세계적 재난에 인류가 어떻게 대응했는지를 보여 주며, 후대가 이 시기를 다각도로 조망할 수 있는 자료적 토대를 마련하기 위해 구축되었다. 이러한 아카이브 자료는 당대 사람들이 사건을 어떻게 기억하고 해석하는지를 보여 주는 요소로 작용한다.

오늘날 디지털 아카이브는 공적 기능의 아카이브와 함

께 개인적 아카이브도 발전하고 있다. 개인적 아카이브는 사람들이 스스로 기록을 남기고 보존하는 방식으로, 사진, 영상, 블로그 게시 글 등 다양한 형태로 저장된다. 구글 포토나 드롭박스와 같은 클라우드 서비스는 사람들이 자신의 글이나 사진, 기록을 저장하고 언제든지 접근할 수 있게 한다. 고대 수메르인의 '점토판'을 현대인들이 누구나 휴대한 셈이다. 이는 개인의 기록을 보존하고, 중요한 순간들을 후대에 남기는 하나의 방식으로 발전했다.

기원전 4000년 메소포타미아에서 시작된 인류의 기록 여정은 이제 개인에게까지 확산되어, 누구나 글을 쓸 수 있는 개인 글쓰기 시대가 되었다. 점토판에서 클라우드까지, 갈대 첨필에서 키보드와 터치스크린까지, 기록 매체는 진화하지만 인류의 기록하고 보존하고 전파하고자 하는 욕망은 변하지 않았다. 인류는 계속해서 자신들의 서사를 기록하고 보존해 나갈 것이다. 수메르인들의 쐐기 문자와 점토판처럼 말이다.

하이퍼링크는 글쓰기 구조를 어떻게 바꿨을까?

여러분은 자신이 쓴 글의 마지막 페이지를 기억하는가?

책에는 마지막 페이지가 있고, 신문에는 마지막 면이 있고, 편지에는 끝맺음이 있다. 그러나 오늘날 클라우드 기반의 메모 앱으로 글을 작성하는 경우, 무한한 디지털 캔버스 위에서 글을 써 나가기 때문에 마지막 페이지의 개념이 사라진 지 오래다.

우리가 사용하는 대부분의 글쓰기 도구들은 사실상 무제한의 공간을 제공한다. 하지만 이러한 변화는 단순히 '더 많이 쓸 수 있게 되었다'는 양적 확장만을 의미하는 것은 아니다.

진정한 변화는 바로 우리가 글을 '어떻게' 쓰고 있느냐에 있다. 전통적인 글쓰기는 직선적이고 순차적인 서사 구조에 따라 일직선으로 썼다. 일반적으로 서론-본론-결론으로 이루어진 고정된 구조이며, 독자는 글쓴이가 제시한 흐름을 따라가며 의미를 해석하게 된다. 이러한 방식은 정보를 점진적으로 전달하고, 독자들은 글의 흐름을 예측하면서 그에 맞춰 읽어 나가야 하는 특성이 있다.

예를 들어, 셰익스피어의 작품 「로미오와 줄리엣」은 전통적인 직선적 서사 구조를 따른다. 고전적 희곡 형식인 시간적 흐름에 따라 사건이 순차적으로 전개된다. 두 주인공의 사랑 이야기는 명확한 서사적 순서를 따르며, 극중 초반의 인물의 만남, 중반의 갈등, 그리고 후반의 비극적 결말로 이어지는 직선적 구조를 보여 준다. 그리고 독자들은 인물의 감정과 사건의 전개를 처음부터 끝까지 차례대로 따라가게 된다.

이러한 선형적 글쓰기는 명확한 논증과 체계적 전달에는 효과적이지만, 인간 사고의 자연스러운 흐름과는 거리가 있다. 인간의 사고는 본래 비선형적이다. 우리 생각은 한 가지에서 다른 것으로 튀어 오르고, 과거와 현재를 오가며, 서로 무관해 보이는 개념들 사이에서 창의적 연결을 만들어 낸다. 종이라는 2차원 평면의 제약 때문에 우리는 이런 입체적 사고를 억지로 일직선으로 펼쳐야 했다.

하지만 하이퍼텍스트가 이 제약을 깨뜨렸다. 1965년 테드 넬슨Ted Nelson이 처음 제안한 하이퍼텍스트는 텍스트 단위들 사이의 비연속적 접근을 가능하게 했다. 이 방식은 전통적 글쓰기의 선형적 구조와는 달리 비선형적 구조를 가능하게 한다. 그는 '프로젝트 자나두Project Xanadu'를 제안했는데, 자나두는 모든 문서가 상호 연결될 수 있는 거대한 디지털 라이브러리를 목표로 했고, 이는 오늘날의 우리가 사용하는 월드 와이드 웹World Wide Web의 개념적 토대가 되었다.[6]

이 비선형적이면서 다층적인 구조는 정보와 정보 사이의 상호 연관성을 극대화한다. 예를 들어, 위키피디아Wikipedia는 하이퍼텍스트의 대표적인 예로, 단어에 링크, 즉 하이퍼링크hyperlink가 연결되어 있어 독자가 원하는 정보를 탐색할 수 있게 한다. 따라서 독자는 특정 항목에서 다른 항목으로 하이퍼링크를 클릭하여 이동할 수 있으며, 이러한 비선형적 구조에서 주제를 자유롭게 탐색할 수 있다. 그래서 결과적으로 정보의 접근성과 깊이는 향상되고 소통의 구조는 다차원적으로 변모한다.

하이퍼텍스트를 활용한 글쓰기는 소통과 변형, 제작의 가능성을 극대화한다. 하이퍼텍스트 글쓰기를 할 때 작가는 본문의 핵심 내용을 작성하면서 동시에 어느 지점에서 어떤

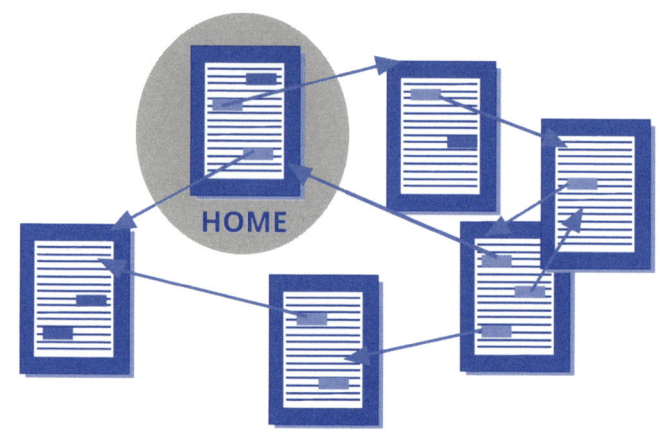

하이퍼링크로 서로 연결된 6개의 문서 다이어그램[7]

연결을 만들어야 할지를 고민해야 한다. 각 하이퍼링크는 독자의 이해를 돕는 보조 자료가 될 수도 있고, 완전히 새로운 관점을 제시하는 분기점이 될 수도 있다. 따라서 글쓰기는 단순한 정보 전달이 아니라 정보의 네트워크를 설계하는 작업이 된다.

예를 들어, 기술 매뉴얼을 작성할 때 전통적 글쓰기 방식이라면 순서대로 단계를 설명하는 것이 일반적이었다. 하지만 하이퍼텍스트 방식으로 매뉴얼을 작성한다면, 각 단계마다 관련된 배경 지식, 문제 해결 방법, 고급 옵션 등으로 연결되는 링크를 배치할 수 있다. 이는 전통적 글쓰기에서 독자가 읽어야 할 정보가 고정된 순서이거나 선형적 순서로 배열되는 것과 다르다. 하이퍼텍스트가 언어의 선형성을 파괴하는 새로운 형태의 언어 현상이라는 점에서 이는 새로운 개념의 매체 형성 원리가 된다.

하이퍼텍스트는 링크^{link}로써 구조적 비완결성과 열린 의미를 지니고, 글쓰기 매체에서 정보의 다층 층위를 가능하게 한다. 글쓴이는 본문에서 핵심적인 정보를 제공하면서도 하이퍼링크를 통해 독자가 추가적으로 더 많은 자료를 탐색하거나, 본문의 흐름에서 벗어나지 않고도 더 깊은 이해를 할 수 있도록 작성하고, 글쓰기를 통해 독자가 다양한 관점이나 정보를 한꺼번에 접근할 수 있도록 만든다.

그리고 하이퍼링크를 이용한 글쓰기를 할 때도 단순히 정보를 나열하여 쓰는 것이 아니라, 어느 부분에서 어디로 하이퍼링크로 연결할지를 신중하게 고려해야 한다. 한 주제를 다루면서도 여러 관련 자료를 추가적으로 제공한다는 점을 견지해야 하기 때문이다.

예를 들어, 오늘날 매뉴얼을 작성할 때 텍스트 본문의 주요 설명에 하이퍼링크를 추가하여, 독자가 추가적인 정보를 더 깊이 이해하거나 정보를 얻을 수 있도록, 외부 링크로 연결되도록 작성할 수 있다. 이를 통해 독자는 하나의 문서를 읽는 동안 여러 자료를 동시에 참고할 수 있다.

그런 의미에서 QR 코드는 하이퍼링크와 기능적으로 유사하다. QR 코드는 스마트폰 카메라로 스캔하여 디지털 콘텐츠로 연결·이동하여 접근하는 방식으로, 이것이 QR 코드의 핵심 기능이다. QR 코드를 통해 사용자는 특정 웹사이트로 이동하여 원하는 정보를 탐색할 수 있다. 그래서 QR 코드는 하이퍼링크와 동일한 기능을 함과 동시에 하이퍼링크의 확장 개념으로 볼 수 있다. 왜냐하면 하이퍼링크는 디지털 환경에서 사용되는 반면, QR 코드는 물리적 세계와 디지털 세계(오프라인과 온라인) 모두를 연결할 수 있기 때문이다.

이처럼 특정 지점에서 다른 정보로 실시간 연결하고 확장하는 연결성과 확장성은 디지털 매체에만 있는 것이 아니다. 인쇄 매체에서는 주석이 그 역할을 해 왔다.

하이퍼링크와 주석(주註에는 형식에 따라 각주, 미주 등이 있지만 여기서는 '주석'으로 통칭함) 모두 정보를 연결해 주고 추가 설명을 제공한다는 공통된 기능이 있지만 구현 방식에 차이가 있다.[8]

하이퍼링크는 디지털 환경에서 사용되는 기능으로 웹페이지, 문서, 이미지, 동영상 등 다양한 콘텐츠로 연결해 주는 반면, 주석은 주로 단행본·논문·보고서 등 고전적인 매체에서 사용되며 본문에서 다루는 내용에 대해 추가 설명이나 출처를 제공해 준다. 주석은 해당 페이지의 하단이나 문서 말미에 위치하며, 주로 번호나 기호로 표시된다.

하이퍼링크는 주로 디지털 매체, 즉 웹페이지, PDF 파일, 전자책 등의 콘텐츠에서 활성화되어 연결 및 이동이 가능한 상태로 구현되고, 주석은 텍스트와 간단한 그림이나 표 외의 멀티미디어 기능을 제공하지는 못한다. 그리고 하이퍼링크는 연결된 페이지나 콘텐츠를 실시간으로 업데이트할 수 있는 반면, 주석은 고정된 텍스트로 한번 작성하거나 인쇄하면 변경하기가 어렵다. 즉 독자가 참조하는 정보는 문서가 작성될 당시의 정보로 제한되는 것이다.

하이퍼링크가 가져온 변화는 단순히 기술적 혁신에 그치지 않는다. 그것은 인간이 지식을 구조화하고 전달하는 방식, 나아가 사고하는 방식 자체를 근본적으로 바꾸어 놓았다. 선형적 서사에서 네트워크적 사고로, 고정된 글에서 연결되는 글로, 저자 중심에서 독자 중심으로의 전환은 디지털 매체 글쓰기의 새로운 패러다임을 만들어 냈다.

효과적인 디지털 글쓰기란 단순히 텍스트를 온라인에 올리는 것이 아니라, 각 매체가 제공하는 연결의 가능성을 이해하고 활용하는 것이다. 블로그에서 어떻게 링크를 배치할 것인가, 동영상에서 어떻게 다른 자료와 연결할 것인가, 모든 디지털 글쓰기는 이제 이러한 연결의 가능성을 염두에 두고 시작된다.

❝ 썸네일이
본문보다 중요해졌다!

　전통적 글쓰기에서는 여전히 매력적인 서론 작성법을 가르치지만, 독자가 처음 마주하는 썸네일 만드는 법은 가르치지 않는다. 문제는 독자가 서론을 '읽지' 않는다는 데 있다. 독자는 '본다'. 표지 한 장, 첫 화면 하나, 이미지 하나, 제목 한 줄 등 시각적 자료에서 독자는 글을 볼지 말지를 결정한다. 그런데 전통적 글쓰기는 여전히 '첫 문장이 중요하다'고 강조한다. 아니다. 첫 화면이 중요하다.

　그래서 복합 양식multimodal에서 쓰기는 독자의 시선을 이동시키는 동선을 설계하는 것이고, 작가는 글을 길게 늘어놓으며 '쓰는' 사람이 아니라, 독자에게 시각적으로 '보여 주는'

사람이라 해도 과언이 아니다.

사실 이것은 완전히 새로운 현상은 아니다. 1850년 찰스 디킨스는 「데이비드 코퍼필드David Copperfield」를 연재하면서 특이한 작업 방식을 고집했다. 삽화를 통해 자신의 메시지를 더욱 효과적으로 전달한 것이다. 삽화는 단순히 시각적 장식 이상의 기능을 하며 이야기의 서사를 강화하고 독자의 상상력을 자극하는 중요한 역할을 해 왔다.[9]

찰스 디킨스의 탄생 200주년을 맞아 저널리스트 멜라니 맥도나Melanie McDonagh는 영국의 일간지 『인디펜던트The Independent』에 쓴 글에서 디킨스가 일러스트레이터와 긴밀히 협력했던 관계를 이렇게 회상했다.[10]

> 그는 텍스트를 쓰기 전에 줄거리 개요를 제공했고, 자신의 개념과 정확히 일치하는지 확인하기 위해 그림을 감독했다.

디킨스 작품의 가장 유명한 일러스트레이터인 브라운H. K. Browne(필명 '피즈Phiz')은 등장인물의 구체적인 모습과 판의 구성에 관해 저자의 긴밀한 지시를 받았다. 이는 피즈가 등장인물을 시각적으로 해석하는 것이 디킨스의 묘사만큼 중요해졌음을 의미했다.

찰스 디킨스의 소설 「데이비드 코퍼필드」에 수록된 피즈의 삽화 <이민자들>[11]

피즈의 삽화 <이민자들The Emigrants>은 1850년 10월에 제작되었으며, 찰스 디킨스의 소설 「데이비드 코퍼필드」의 57장에 실려 있다. 이 삽화는 주인공 데이비드 코퍼필드와 윌킨스 미카버 등이 이민선이 출항하기 전 작별하는 장면을 그린 것이다.

피즈의 이 삽화는 이민자들이 배 안에서 서로 인사하거나 작별하는 모습을 매우 자세하게 묘사하고 있다. 각 인물들의 감정이 그림에 드러나 있으며, 이는 독자들이 디킨스의 이야기에서 등장인물에 대해 더욱 생생하게 느끼게 한다. 이 삽화는 19세기 문학에서 이미지가 텍스트를 어떻게 보조하고, 이야기의 배경과 주제를 어떻게 시각적으로 강화하는지를 보여 주는 예이다.

이 삽화는 당시 이민과 관련된 사회적 이슈를 반영하고 있다. 이처럼 삽화는 텍스트에 나타난 시대상을 반영하면서, 복잡한 문학적 내용이 독자에게 좀 더 쉽게 이해되고, 시각적으로 생생하게 전달되도록 하는 데 어떻게 기여하는지를 보여 준다.

또한, 삽화는 독서 경험을 향상시키는 데 중요한 역할을 하기도 했다. 삽화의 도움으로 독자는 텍스트에 묘사된 장면과 캐릭터를 쉽게 시각화하여 이해할 수 있었으며, 당시의 사회 양식을 이해하는 데도 도움이 되었다.

삽화는 수세기를 거치면서 출판물에서 점차 필수적인 요소로 자리매김하기 시작했다. 독서 경험을 향상시키고, 사회 문제를 묘사하고, 그림책 장르의 인기에 기여하는 등 중요한 역할을 한 것이다.

오늘날 삽화는 디지털 이미지와 영상으로 진화하면서, 과거의 보조적 역할에서 벗어나 이제는 글쓰기의 중심적인 매체로 자리 잡게 되었다. 이러한 변화는 디지털 매체의 발달과 긴밀하게 연결되어 있다. 특히 소셜 미디어, 유튜브와 같은 플랫폼에서는 글보다 이미지와 영상이 중심이 되어 정보가 제공되고, 글은 오히려 이를 보충하는 역할이 되기도 한다. 사용자는 이미지를 통해 즉각적으로 메시지를 받아들이고, 짧게 압축된 글은 이미지나 영상의 맥락을 설명하거나 보완하는 역할을 한다. 이는 텍스트가 더 이상 독립적인 소통 수단이 아니라, 시각 매체와 함께 작용하는 복합적 소통 도구로 변화했음을 의미한다.

오늘날 텍스트와 시각 매체의 결합은 글쓰기 형식을 더욱 다양하게 바꾸었다. 다양한 매체의 증가와 확산으로 우리는 정보 과부하 시대에 살고 있다. 다양한 매체로 인하여 사용자들은 수많은 정보와 콘텐츠에 노출된다. 그리고 정보 과부하 시대에 짧은 글쓰기는 필수적인 글쓰기 기술로 자리 잡았다.

소셜 미디어는 짧은 글쓰기를 통해 사용자가 간단하고 즉각적인 소통을 할 수 있도록 돕는다. 사람들은 긴 글에서 필요한 정보를 찾는 대신 짧고 명확한 메시지를 선호하게 되었다. 짧은 글로 소통하기를 희망하고, 짧은 글 속에서 핵심 정보 얻기를 원한다. 이것이 바로 SNS에서 짧은 글쓰기가 중요해진 이유 중 하나다.

스마트폰과 태블릿 PC 등 모바일 기기의 보급은 소셜 미디어에서 짧은 글쓰기가 확산되는 데 중요한 역할을 했다. 모바일 기기는 언제 어디서나 인터넷에 접속할 수 있게 해 주고, 그 인터페이스interface는 짧은 글을 작성하고 공유하는 데 최적화되어 있다. 작은 화면에서 긴 글을 작성하기는 불편하지만, 한두 문장의 짧은 메시지를 작성하고 공유하기는 매우 쉬워졌다.

트위터(지금의 '엑스X')는 짧은 글쓰기를 중심으로 한 소셜 미디어의 대표적인 플랫폼이다. 280자의 글자 제한은 단순한 기술적 제약이 아니라, 새로운 글쓰기 문법을 만들어 냈다. 작성자들은 제한된 글자 안에서 최대한 효과적으로 메시지를 전달하기 위해 압축적이고 임팩트 있는 문장을 구성하게 되었다. 해시태그hashtag(#)는 글의 맥락을 분류하고 확산시키는 새로운 글쓰기 도구가 되었다.

이러한 마이크로 라이팅micro writing은 글쓰기에서 압축의 미학을 탄생시켰다. 작성자는 불필요한 수식어를 제거하고, 핵심만을 전달하는 방식을 학습하게 되었다. 이는 단순히 짧게 쓰는 것을 의미하는 것이 아니라, 제한된 글자 내에서 최대의 효과를 내는 새로운 글쓰기 기법이다.

인스타그램 역시 글쓰기의 패러다임을 바꾸어 놓았다. 텍스트가 중심이었던 기존 소셜 미디어와 달리, 인스타그램은 이미지가 중심이고 텍스트는 보조적 역할을 하는 구조로 되어 있다. 사용자들은 더 이상 무엇을 '글로 쓸지'부터 고민하지 않는다. 대신 무엇을 '보여 줄지'를 먼저 생각하고, 그다음에 그것을 설명하거나 보완하는 텍스트를 작성한다.

이러한 변화는 글쓰기 과정 자체를 재편했다. 전통적 글쓰기에서는 '주제 → 개요 → 본문 작성'의 순서를 따랐다면, 인스타그램을 활용한 글쓰기는 '이미지/영상 촬영 → 편집 → 캡션 작성(이미지를 보완하는 텍스트 작성) → 해시태그 선정'의 과정을 거친다. 글쓰기가 시각적 콘텐츠 제작의 요소로 통합된 것이다.

스타벅스의 '#RedCupContest' 캠페인은 이러한 변화를 보여 주는 대표적 사례다. 사용자들은 텍스트 없이 이미지만으로도 브랜드 스토리에 참여하고, 자신만의 창의적 표현을 만들어 냈다. 이는 글쓰기의 개념과 경계를 확장한다. 이미지를 선택하고, 편집하고, 배치하는 것도 일종의 '글쓰기 행위'가 된 것이다.

스타벅스는 2015년부터 매년 연말 시즌에 맞춰 '#RedCupContest'라는 해시태그 캠페인을 하고 있다. 이 캠페인은 사용자들이 스타벅스의 빨간 컵을 이용하여 창의적 사진을 찍어 SNS에 공유하도록 유도한 것이다. 이 캠페인은 첫해

스타벅스의 '#RedCupContest' 해시태그를 통한 사진 공유 사례[12]

40,000개 이상의 게시물을 생성하며 큰 성공을 거두었는데, 이는 이미지 생성만으로도 사용자들이 글쓰기 행위에 참여하는 과정을 보여 준다.

시각적 콘텐츠는 독자에게 강력한 인상을 남기지만, 의미의 모호성이라는 근본적 한계가 있다. 악수 사진이 인사, 계약 성사, 작별 등 다양하게 해석될 수 있는 것처럼, 맥락 없는 이미지는 오해를 불러일으킬 수 있다.

이를 해결하기 위해 현대 콘텐츠 제작자들은 '맥락 제공 글쓰기' 기법을 발전시켰다. 인스타그램의 캡션(이미지 보완용 글쓰기), 유튜브의 제목과 설명, 틱톡의 해시태그 등은 모두 시각적 콘텐츠에 필요한 맥락을 제공하는 역할을 한다. 이때의 글쓰기는 독립적인 메시지 전달보다는 시각적 요소와 함께 의미 전달을 목표로 한다.

따라서 유튜브, 블로그, 온라인 기사에서 썸네일thumbnail은 더 이상 부차적 요소가 아니다. 썸네일이 조회 수를 결정하고, 조회 수가 콘텐츠의 성공과 관련 있는 현실에서, 많은 콘텐츠 제작자들이 본문보다 썸네일에 더 많은 시간과 노력을 투자하고 있다.

그래서 '썸네일 라이팅'이라는 새로운 글쓰기 방식도 등장했다. 썸네일에 삽입될 텍스트는 극도로 압축적이면서도 강한 인상을 남길 수 있어야 한다. 두세 단어로 핵심 메시지를 전달해야 하며, 폰트와 배경에 따른 가독성까지 고려해야 한다. 기존의 제목 쓰기보다 훨씬 높은 수준의 압축 기술을 요구한다.

이러한 변화는 글쓰기의 정의를 확장시킨다. 오늘날에는 텍스트만을 글쓰기로 보지 않고, 텍스트, 이미지, 영상, 오디오 등 다양한 매체 요소들이 유기적으로 결합된 것도 글쓰기로 넓게 본다. 이러한 **복합 양식 글쓰기***에서는 각 매체의 특성을 이해하는 것도 중요하다.

카드 뉴스 제작을 예로 들면, 작성자는 복잡한 정보를 시

> ★ **복합 양식 글쓰기**
> (multimodal writing)
>
> 복합 양식 글쓰기는 텍스트와 시각·청각 매체, 또는 기타 매체가 결합된 글쓰기 방식을 의미한다. '복합 양식' 즉 'multimodal'이라는 단어 자체가 '다중 모드'를 의미하듯, 이 글쓰기 방식은 다양한 소통 모드(글, 이미지, 음성, 영상 등)를 결합하여 정보와 의미를 전달한다.

각적으로 구조화하고, 각 카드별로 적절한 텍스트 분량을 배치해야 한다. 인포그래픽 infographic 제작에서도 마찬가지다. 데이터를 시각화하되, 그 의미를 명확하게 전달하는 텍스트가 뒷받침되어야 한다. 제목, 부제목, 설명문, 출처 표기 등 각각의 텍스트 요소가 전체적인 정보 전달 구조에서 담당하는 역할도 파악해서 글을 써야 한다.

이렇게 시각적 요소가 주도하는 현대의 소통 환경에서, 텍스트는 이미지, 영상, 오디오 등의 여러 매체와 함께 하나의 글쓰기 생태계에 구성되고 있다.

이미지와 영상이 중심이 된 이유로 시각적 문해력 visual literacy의 중요성을 들 수 있다. 시각적 문해력은 현대 사회에서 중요한 능력으로 자리 잡고 있다. 이미지를 보고 분석하는 능력이 강화되면서, 글보다는 시각적 콘텐츠를 통해 의미를 전달하는 것이 보편화되고 있기 때문이다.

시각적 문해력은 이미지를 성공적으로 해석하고 사용하는 능력을 말한다. 좀 더 구체적으로, 사람들이 사물을 어떻게 인식하는지, 눈으로 보는 것을 어떻게 해석하는지, 사물로부터 무엇을 배우는지를 이해하는 것이다. 이모티콘emoticon, 밈meme, 이미지 등 그 어느 때보다 시각적 요소가 오늘날 많이 사용되고 있다.

이미지와 영상이 중심이 된 또 다른 이유로, 정보 과부하 시대에 처한 사람들이 방대한 양의 정보를 빠르게 처리하기 위해 글보다 이미지나 영상을 선호하며, 긴 텍스트를 읽기보다 인포그래픽이나 짧은 동영상, 카드 뉴스 등을 통해 핵심 내용을 바로 이해하는 것이 효율적이라 판단하는 것을 들 수 있다. 이처럼 이미지와 영상은 방대한 정보를 짧은 시간에 압축하여 제공할 수 있어, 정보 처리 면에서 글보다 효율적인 수단이 되었다.

그리고 이미지와 영상이 중심이 된 마지막 이유는 소셜 미디어의 알고리즘과 콘텐츠 소비 방식 때문이기도 하다. 소셜 미디어의 알고리즘은 이미지와 영상을 우선적으로 노출시키도록 설계되어 있다. 예를 들어, 인스타그램이나 페이스북의 피드feed는 영상 콘텐츠가 더 많이 노출되고, 이로 인해 사용자들이 더욱 시각적 콘텐츠를 소비하게 되는 구조이다. 틱톡 역시 짧은 영상 콘텐츠가 자동으로 반복 재생되며, 사용자가 더 오래 머무를수록 더 많은 시각적 콘텐츠를 소비하게 된다. 알고리즘은 이미지와 영상이 더 쉽게 확산되고 공유되도록 돕기 때문에, 자연스럽게 이미지와 영상이 중심이 되는 소통 방식이 득세하게 된다.

결론적으로 이미지와 영상이 주도하는 현대의 글쓰기 방식은 글자 중심의 선형적 글쓰기에서 텍스트·이미지·디자인이 결합된 복합 양식으로 옮겨 갔다. 이는 더 빠르고 직관적인 소통을 가능하게 하며, 텍스트의 역할을 보조에서 협력으로 재정립하게 만들었다.

디지털 네이티브 세대에게 글쓰기는 더 이상 종이 위의 활동이 아니다. 그들에게 글쓰기란 썸네일을 디자인하고, 해시태그를 큐레이션하고, 밈을 창조하고, 스토리를 시각화하는 총체적 창작 활동이다. 앞으로의 글쓰기는 더욱 감각적이고 직관적으로 진화하면서 우리의 표현 영역을 확장할 것이다.

66 누가 작가이고, 누가 독자일까?

작가는 죽었다. The author is dead.

1967년 프랑스의 비평가 롤랑 바르트 Roland Barthes가 던진 이 선언은 문학계에 큰 파장을 일으켰다. 그는 텍스트의 의미가 작가의 의도가 아닌 독자의 해석에 의해 완성된다고 주장했다. 반세기가 지난 지금, 디지털 시대에서 우리는 다시 질문을 던진다.

'누가 작가이고, 누가 독자일까?'
'작가와 독자의 구분이 의미가 있는가?'

전통적인 글쓰기에서 작가와 독자의 역할은 명확했다. 작가는 창작하고, 출판사는 선별하며, 독자는 소비한다. 구텐베르크J. Gutenberg의 인쇄술 발명 이후 확립된 이 구조는 지식과 문화의 전파에 기여했지만, 동시에 소수의 목소리만이 대중에게 전달된다는 한계가 있었다.[13]

그러나 디지털 매체의 등장으로 작가와 독자의 경계가 허물어졌다. 이제 글쓰기는 작가 중심의 일방적 정보 전달이 아닌, 참여 중심의 상호 작용을 촉진하는 방식으로 변화했다. 그중에서도 **집단 지성**Collective Intelligence은 글쓰기 매체에서 집단적 참여와 협업의 새로운 가능성을 열어 주고 있다. 집단 지성은 다수의 사람들이 지식과 의견을 모아 집단적으로 문제를 해결하거나 새로운 창작물을 만들어 낼 때 발휘된 집단적 능력을 의미한다.

이 개념은 피에르 레비Pierre Lévy의 『집단지성: 사이버 공간의 인류학을 위하여』에서 본격적으로 논의되었다. 레비는 디지털 기술을 인간의 지능과 연결하여 집단적 사고와 창의성을 증대시킬 수 있음을 주장했다. 이러한 개념은 이후 인터넷 사용자들이 서로 협력해 지식을 생성하고 공유하는 현상으로 나타났다.

위키피디아는 집단 지성과 참여자 중심 글쓰기의 대표적

인 사례다. 전 세계의 사용자들이 서로 협력하여 다양한 주제에 대해 정보를 제공하고, 이를 편집하면서 끊임없이 발전시켜 나가는 온라인 백과사전이다. 위키피디아는 사용자가 글을 단순히 소비하는 데 그치지 않고, 직접 글을 작성하고 수정하며 정보를 생성·공유하는 참여자 중심 글쓰기의 혁신을 보여 준다.

위키피디아의 글쓰기 구조는 집단 지성을 통해 정보가 공유·생성되고, 개인 창작물이 아닌 공동의 창작물이라는 점에서 전통적인 글쓰기 방식과는 차별성을 지닌다. 독자는 단순히 글을 읽고 소비하는 것을 넘어서 댓글을 남기거나 글을 공유하고, 심지어 글 내용에 직접 참여할 수 있다. 이러한 방식은 글쓰기를 집단적 소통의 형태로 발전시키며, 나아가 공공 담론 형성에까지 영향을 미친다.

이러한 집단 지성의 발현은 위키피디아에만 국한되지 않는다. 오늘날 우리가 일상적으로 접하는 뉴스 기사, 블로그 게시 글, 유튜브 영상 아래의 댓글란 역시 집단 지성이 작동하는 또 다른 공간이다. 댓글을 통해 독자들은 원문에 대한 보충 설명을 제공하고, 오류를 지적하며, 다양한 관점을 더한다. 때로는 '기사보다 댓글이 더 유익하다'는 말이 나올 정도로, 댓글은 원문 못지않게 중요한 정보원이 되기도 한다.

집단 지성이 협업 글쓰기의 가능성을 보여 준다면, 댓글 문화는 디지털 시대 글쓰기의 새로운 양식을 제시한다. 흥미롭게도, 인터넷 댓글에 관한 연구들은 위르겐 하버마스Jürgen Habermas의 **공론장**★ 개념과 깊은 연관성이 있다. 하버마스의 공론장 개념을 이해하기 위해서는 서유럽 자본주의의 형성과 발전의 주역인 부르주아에 대해 알아야 한다.

서양 중세 시대는 토지를 기반으로 하는 봉건주의 경제가 지배적이었지만, 중세 후반기부터는 상업을 중심으로 한 경제 활동이 등장하기 시작했다. 중농주의에서 중상주의로 옮겨 가면서 '부르주아'라는 새로운 계급이 등장했고, 이 계급이 생겨나면서 가치관과 생활 양식에도 많은 변화가 일었다. '국가', '혈통', '가문' 중심적이던 가치관에서 근대 사회에 들어 '개인'이라는 단위가 생겨나게 되었다.

이와 관련하여 하버마스는 공동 거처인 '거실'이 계속 작아지거나 완전히 사라지고, 이에 반해 개별 가족 구성원을 위한 특수한 방들은 더욱더 많

★ **공론장(public sphere)**
공론장은 누구나 동등한 자격으로 사회의 공적 문제를 토론하는 소통의 장(場)이다. 중세 시대 살롱, 커피 하우스에서 오늘날의 방송 토론, 온라인 포럼과 댓글 토론 등 온-오프라인 공간 모두 공론장이 될 수 있다. 흔히 '사람이 모이는 곳'인 공공장소와 달리, 공론장은 '주장-근거-반박'이 오가는 숙의의 과정이 핵심이다. 공론장은 개인 의견의 총합이 아니라 최선의 해결책을 모색하는 장이라고 할 수 있다.

아지고 독특하게 설비된다고 했다. 그리고 상류 부르주아 주택에서 가장 중요한 공간은 전혀 새로운 방, 즉 살롱에 해당한다고 했다. 이 살롱은 '모임'을 위해 기능한다. 이 살롱을 하버마스는 공론장의 초기 형태로 보았다. 즉 살롱은 개인들이 모여 공적인 문제를 논의하고 비판적 토론을 통해 사회적 여론을 형성하는 공간이었다.

오늘날 인터넷 댓글은 디지털 공간에서 발생하는 새로운 형태의 공론장이라고 볼 수 있다. 댓글을 통해 사용자들은 자신의 의견을 표현하고 서로 간에 토론을 이어 가는데, 그 과정에서 중요한 사회적 여론이 형성된다. 댓글을 통한 정보 교환과 논의의 장은 오늘날 공론장의 중요한 역할을 수행하고 있으며, 특히 사회적 이슈나 뉴스에서 더욱 두드러진다.[14]

웹 2.0 시대의 블로그와 SNS는 댓글 문화를 더욱 강화한 플랫폼이다. 블로그와 SNS에서는 사용자들이 댓글을 통해 자신의 의견을 표현하고, 콘텐츠 제작에 적극적으로 참여하게 된다.

유튜브에서도 영상 아래 댓글을 작성함으로써 사용자가 크리에이터와 직접 소통하거나, 다른 시청자들과 대화를 나눌 수 있다. 예를 들어, 한 사용자가 올린 제품 리뷰 영상에 달린 댓글들은 그 제품에 대한 추가 정보나 다른 사용자의 경험, 후기를 공유하는 데 큰 역할을 한다. 이러한 상호 작용은 영상의 내용에 대한 깊이 있는 논의를 가능하게 하며, 사용자들이 더 많은 정보를 얻을 수 있는 기회를 제공하기도 한다.

댓글은 단순히 텍스트의 연장선이 아닌, 현대 디지털 사회에서 중요한 상호 작용의 장으로 자리 잡았다. 사람들은 댓글을 통해 의견을 나누고 사회적 논의에 참여할 수 있다. 댓글은 다양한 형태로 진화하면서 단순한 텍스트를 넘어 이모티콘, 이미지와 결합하여 더욱 풍부한 소통을 가능하게 하고 있다.

이제 우리는 롤랑 바르트의 선언으로부터 한 걸음 더 나아갈 때다. 작가가 죽었다면, 독자는 변화했다. 오늘날의 독자는 수동적인 의미 해석자가 아니라 능동적인 의미 창조자이며, 동시에 새로운 작가이기도 하다.

'누가 작가이고, 누가 독자인가?'라는 질문에 대한 답은 분명해졌다. 복합 양식 시대에서는 모든 이용자가 작가이면서 동시에 독자다. 우리는 읽으면서 쓰고, 쓰면서 읽는다. 텍스트는 더 이상 고정된 완성품이 아니라 지속적으로 생성되고 변화한다.

바르트가 선언한 작가의 죽음은 곧 능동적인 독자의 탄생을 의미했지만, 지금은 그 독자마저 작가로 변모했다. 이처럼 독자 스스로 작가가 되어 직접 텍스트 재구성에 참여하고 협업하고 생성하는데, 이것이 바로 복합 양식multimodal 글쓰기의 특징이다.

💬 인공 지능과 매체 글쓰기

– 창의적 도구인가, 윤리적 과제인가?

    코로나 19 팬데믹 기간 중, 2022년 11월에 오픈에이아이 OpenAI가 챗지피티 ChatGPT를 공개하면서 생성형 인공 지능 기술은 새로운 전환점을 맞이했다. 이 혁신적 기술은 인공 지능 시대의 시작을 알리는 중요한 이정표가 되었다. 출시 5일 만에 100만 명 이상의 사용자를 확보했는데, 이는 인스타그램이 100만 다운로드에 약 2.5개월, 넷플릭스가 3.5년이 걸린 것과 비교하면 매우 놀라운 속도다. 이후 코파일럿 Copilot, 제미나이 Gemini, 퍼플렉시티 perplexity 등 다양한 인공 지능 챗봇이 등장하게 되었다. 인공 지능의 발달은 인류가 이어 온 글쓰기

전통을 크게 변화시키고 있다. 이제는 인공 지능이 글을 쓰고 편집하고 추론하는 데까지 발전했다.

이러한 변화는 글쓰기의 본질에 대한 근본적인 질문을 제기한다. 인간의 사고와 감정, 경험을 언어로 표현하는 행위였던 글쓰기가 이제는 **알고리즘**★과의 협업이 되고 있다. 과연 인공 지능이 생성한 텍스트를 창작이라 부를 수 있을까? 인간의 **프롬프트**★와 인공 지능의 출력 중 어느 것이 더 중요한가? 이러한 질문들은 현대 글쓰기의 정체성에 대한 재정의를 촉구한다.

인공 지능 기반 플랫폼은 글쓰기에 혁신을 가져왔다. 이는 단순한 아이디어 생성부터 복잡한 데이터 분석, 자동 완성, 창의적 글쓰기, 그리고 추론적 글쓰기까지 다양한 분야에서 활용 가능하다.

하지만 인공 지능 기반 글쓰기의 윤리적 논점 가운데 하나는 저작권이다. 인공 지능이

> ★ **글쓰기 인공 지능 알고리즘** (algorithm)
>
> 글쓰기 맥락에서 알고리즘은 글쓰는 과정에서 '구상하기 → 표현하기 → 퇴고하기' 절차를 자동 반복하는 규칙 기반의 동작 설계를 뜻한다. 모델의 규칙과 샘플링 설정에 따라 일관된 방식으로 수행되며, 그 결과 비슷한 입력에는 비슷한 출력 경향이 발생하기도 한다. 이러한 표준화는 글쓰기 초보자에게는 안정감을 주기도 하지만, 동시에 글쓰기의 균질화가 초래되기도 한다. 따라서 알고리즘과의 글쓰기 협업에서 인간은 목표를 명확히 설정해야 한다. 알고리즘은 글을 대신 써 주는 기계가 아니라는 점을 상기하고, 최종 결정을 내리는 주체는 여전히 인간이며, 판단의 책임도 인간이 져야 한다는 점을 기억해야 한다.

> ★ **프롬프트(prompt)와 프롬프트 엔지니어링 (prompt engineering)**
>
> 프롬프트는 사용자가 원하는 출력을 얻기 위해 생성형 인공 지능에 요청하는 언어 입력이다. 프롬프트는 본래 컴퓨터가 입력을 기다린다는 표시를 뜻했지만, 오늘날에는 사용자의 문장이 입력 설계로로 작동하는 것을 의미한다. 결국 프롬프트의 핵심은 언어 입력을 어떻게 구조화하느냐에 있다. 이것은 프롬프트 엔지니어링(prompt engineering)으로 불린다. 프롬프트 엔지니어링은 사용자가 생성형 인공 지능으로부터 원하는 출력을 얻기 위해 문제와 맥락을 언어로 설계하는 기술이다. 이때 사용자는 요청하게 된 배경인 맥락을 제공하고, 원하는 목표를 설정하며, 인공 지능에 역할을 부여하면, 출력 품질이 높아진다. 좋은 프롬프트는 모호하지 않고, 요구뿐 아니라 충분한 맥락을 제공하며, 결과를 받은 뒤 꾸준한 평가-피드백을 통해 출력 품질을 높여 나간다. 결국 프롬프트 엔지니어링은 문제 설계와 품질 관리를 언어로 구현하는 절차다.

학습하는 데이터는 주로 인터넷에 공개된 수많은 텍스트와 자료들로 이루어져 있다. 이로 인해 인공 지능이 생성하는 텍스트가 독창적인 창작물인지, 아니면 단순한 데이터 변형인지 판단하기 어려운 경우가 많으며, 이는 저작권 문제를 불러일으킬 수 있다. 더불어 인공 지능이 생성한 콘텐츠가 원저작자의 권리를 침해하지 않도록 하는 법적·윤리적 가이드라인이 더욱 중요해지고 있다. 인공 지능 시대 창작물에 대한 소유권 논쟁에 대해서는 명확한 기준과 원칙 정립이 필요하다.

그럼에도 인공 지능은 인간의 창의적 글쓰기에서 매체로 작용할 수 있다. 프롬프트 엔지니어링은 새로운 핵심 역량이 되고 있다. 효과적인 프롬프트를 작성하는 능력은 인공 지능 시대의 새로운 문해력이다.

학생들은 인공 지능과 협업하여 더 나은 결과물을 만들어 내는 방법을 배워야 한다.

인공 지능은 정보를 빠르게 처리하고, 인간의 시간과 노력을 절약하여 더 창의적인 아이디어를 발전시키는 데 도움을 준다. 또한 인간과 인공 지능이 협력하여 작성하는 글쓰기는 인간의 창의성을 강화하는 데 도움을 줄 수 있고, 인공 지능이 글쓰기 과정에서 아이디어를 제공하거나 데이터를 분석하여 인간이 미처 생각하지 못한 내용을 제공할 수도 있다. 그리고 인공 지능 글쓰기는 글쓰기 초보자가 글쓰기에 더 쉽게 접근할 수 있게 해 준다. 이로 인해 참여적 글쓰기가 확대되고, 누구나 창작 과정에 참여할 수 있는 가능성이 열리게 된다.

결국 인공 지능은 창의적 도구인가, 윤리적 과제인가? 이 질문에 대한 답은 우리가 어떻게 사용하느냐에 달려 있다. 기술은 우리의 표현 수단을 확장시켜 줄 수 있지만, 중요한 것은 이 새로운 글쓰기 환경에서 우리는 여전히 책임감 있는 필자로 남아 있어야 한다는 점이다. 인공 지능이 아무리 발전해도 글에 담긴 생각과 가치, 그리고 그 결과에 대한 책임은 오롯이 인간의 몫이다. 이것이 바로 인공 지능 시대 글쓰기 교육이 나아가야 할 방향이다.

주註

Class 1. 매체, 국어 교육의 본질

1 주세형(2006), 「역대 초등학교 1학년 국어 교과서에서 매체 식별 교육 내용의 변천 양상과 국어교육사적 함의」, 『국어국문학』 143, 457~484쪽.
2 정현선(2005), 「언어·텍스트·매체·문화 범주와 '복합 문식성' 개념을 통한 미디어 교육의 국어교육적 수용에 관한 연구」, 『한국초등국어교육』 28, 307~338쪽.
3 월터 J. 옹 지음, 이기우·임명진 옮김(1995), 『구술문화와 문자문화』, 문예출판사, 125쪽.
4 "한국인들의 유튜브 사용 시간은 얼마나 될까? 모바일 인덱스 분석 결과 2022년 9월 기준 유튜브 앱 사용자 수는 4,183만 명인 것으로 조사됐다. 한국 전체 인구수 5,163만 명 중 무려 81%가 사용한다는 뜻이다. 1인당 월 평균 사용 시간은 32.9시간이다. 매일 최소 1시간 이상 유튜브를 본다니 어마어마하다. 월간 총 사용 시간도 유튜브가 13억 8천만 시간인 데 비해 2위인 인스타그램은 1억 7천만 시간, 3위인 넷플릭스는 1억 시간에 그쳐 압도적인 격차를 보였다." 한태봉 기자, 「구글, 유튜브의 폭발적 성장…틱톡으로 망가질까?」, 『뉴스핌』, 2023. 6. 1. https://www.newspim.com/news/view/20230601000939
5 최미숙 외(2023), 『국어 교육의 이해』(제3판), 사회평론아카데미, 376쪽.
6 조용진·배재영(2001), 『아동화의 이해와 지도』, 양서원, 30~36쪽.
7 최미숙 외(2016), 『국어교육의 이해』, 사회평론 아카데미. 해당 저서의 166쪽 내용을 좀 더 자세히 풀어 쓴 것임.
8 한수진 기자, 「휠체어는 탑승불가… 문턱 높은 경기도내 시외·광역버스」, 『경기

일보』, 2024. 3. 14. https://www.kyeonggi.com/article/20240313580363
9   임형준 기자, 「"이제 스마트폰에서 벗어날 때 됐다"…저커버그가 야심차게 내놓은 '이것'」, 『매일경제』, 2024. 10. 6. https://n.news.naver.com/mnews/hotissue/article/009/0005374764?type=series&cid=1089399
10 신인섭, 「110년 전 한국 최초의 은행 광고: 대조선은행 창립소 광고문」, 『광고계동향』 Vol.271, 2013. 10, p.46. https://www.adic.or.kr/journal/column/show.do?ukey=299130

Class 2. 매체와 함께 진화하는 읽기

1   책이나 신문 등을 인쇄 매체, 드라마나 영화를 영상 매체, 인터넷 자료나 동영상 콘텐츠 등은 디지털 매체로 유형화할 수 있다.
2   유튜브 채널 〈너피소설가 입소문tv〉. https://www.youtube.com/channel/UChpiLQ5R0TYR9OYq-dlsfqg/featured
    편지윤(2021), 「드라마 텍스트와 읽기의 즐거움: 유튜브 '드라마 리뷰' 채널의 사례를 중심으로」, 『독서연구』 61, 한국독서학회에서 재인용.
3   https://www.youtube.com/watch?v=BQWurcEBbXg 사진은 편지윤·변은지·한지수·서혁(2018), 「복합양식 텍스트의 텍스트성 재개념화를 위 한 시론」(『학습자중심교과교육연구』 18(2), 학습자중심교과교육학회)에서 재인용.
4   차유채 기자, 「이강인 사과문에 축구팬들 또 부글부글…"제대로 사과해라" 왜?」, 『머니투데이』, 2024. 2. 15. https://news.mt.co.kr/mtview.php?no =2024021508505027678
5   박완준 기자, 「"심려를 끼쳐드려…" 소녀시대 윤아, 자필 사과문 올려」, 『엔터』, 2020. 7. 2. https://www.wikitree.co.kr/articles/548305
6   최근에 고시된 2022 개정 국어과 교육 과정에서 '매체'가 '듣기·말하기, 읽기, 쓰기, 문학, 문법' 등과 함께 독립적인 교육 영역으로 신설된 것은 이러한 상황을 반영한다. 이전 교육 과정까지는 매체 자료를 읽는 능력에 대한 학습을 '읽기' 영역에 포함하여 부분적으로 다루어 왔다. 그러나 매체의 다양화·다변화에 따라 '진화'를 거듭하는 읽기를 효과적으로 익히기 위해서는 디지털 매체 환경에서의 읽기에 대한 집중적이고 체계적인 교육이 필요하다. 이러한 필요성을 바탕으로 '매

체' 영역에서는 디지털 매체 기반의 읽기와 쓰기를 집중적으로 다룬다.
7   이 사례들은 2015 개정 국어과 교육 과정에 따라 만들어진 『고등학교 독서』 교과서의 한 부분으로, 디지털 매체 환경에서 요구되는 읽기를 배우고 익히기 위한 단원의 학습 활동을 발췌한 것이다.
8   박혜섭 기자, 「AI 왜 이러나… 온·오프라인 속 여전한 인종차별」, 『AI TIMES』, 2021. 9. 23. https://www.aitimes.com/news/articleView.html?idxno=140527

Class 3. 매체와 함께 진화하는 쓰기

1   인류는 오랜 시간 동안 글쓰기를 통해 의사소통하고 기록하며 문화를 전파해 왔다. 초기에는 돌, 점토판, 파피루스, 종이를 통해 글을 남겼다면, 오늘날에는 디지털 매체의 등장으로 우리는 완전히 새로운 방식의 글쓰기를 경험하고 있다. 매체의 변화는 단순히 도구의 변화를 의미하지 않으며, 소통 방식 자체를 근본적으로 바꿔 놓는다.
2   초기 글쓰기 매체는 문자 이전의 시기에도 다양한 시각적 기록과 표현을 남겼다. 동굴 벽화는 인류의 가장 오래된 시각적 표현 중 하나로, 초기 글쓰기 매체로 볼 수 있다. 이 시기에는 동굴 벽화 외에도 인간의 몸짓, 표정과 같은 비언어적 소통이 중시되기도 했다. 이를 현시 미디어(presence media)라고 칭하여 인간의 몸 자체를 미디어로 보기도 했는데, 문자 언어 등장 이전의 지배적 미디어는 현시 미디어였다고 할 수 있다. 오미영·정인숙(2005), 『커뮤니케이션 핵심이론』, 커뮤니케이션북스, 67쪽.
3   점토판 사용으로 수메르인들의 '기억 저장 용량'은 획기적으로 늘어났다. 하나의 공간에 다수의 기억을 표현할 수 있었기 때문이다. 왼쪽 사진을 보면, 다섯 가지 문자가 점토판에 새겨져 있다. 어떤 사람이 인안나 여신에게 신전에 바칠 양 두 마리를 가지고 왔다는 내용을 필경사는 세 종류의 갈대 첨필로 선을 긋거나 찍거나 눌러서 점토판 공간을 채웠다. 김산해(2021), 『최초의 역사 수메르: 국내 최초 수메르어 점토판 해독본』, 휴머니스트, 12쪽.
4   사진은 점토판 경제 문서의 복잡도 변화를 단계적으로 보여 준다. 첫 번째는 단순한 경제 문서 점토판, 두 번째는 복잡한 경제 문서 점토판, 마지막 세 번째는 한층 더 복잡한 경제 문서 점토판을 순서대로 나타내고 있다. 김산해(2021), 앞

의 책, 14쪽.

5 'COVID-19 웹 아카이브' 누리집. https://covid19.archive-it.org/
6 넬슨은 다음과 같이 설명했다. "하이퍼텍스트라는 용어를 통해 나는 비연속적 글쓰기(nonsequential writing), 즉 곳곳에서 갈라지며 독자들에게 선택을 허용하고 쌍방향적으로 스크린상에서 가장 잘 읽히는 텍스트를 의미하고자 하였다. 일반 대중들이 인식하고 있듯이 이것은 독자들에게 상이한 경로들을 제공하는 일련의 텍스트 덩어리들이다." George P. Landow (1997), *Hypertext 2.0: The Convergence of Contemporary Critical Theory and Technology*, Johns Hopkins University Press.
7 Wikimedia Commons ⓒ L1ucas. https://commons.wikimedia.org/wiki/File:Hyperlink_diagram.svg
8 전통적인 글쓰기에서의 주석 개념은 문장이나 용어, 개념의 뜻을 부연하거나 인용한 자료의 출처를 명시하는 보조적 글쓰기 행위로 정의되어 왔다. 주석을 대부분 부차적·보조적 도구, 설명이나 해설의 도구로 간주했다. 박지윤(2025), 「'아바타-자아 상호주석 글쓰기 모델(ASCW)' 개발과 효과 분석: '레디 플레이어 원' 기반 대학생 성찰 글쓰기를 중심으로」, 『사고와 표현』 18권 2호, 한국사고와표현학회, 109~142쪽.
9 삽화는 보조적 수단이라는 지위에서 점차적으로 중요한 위치를 점하기 시작했다. 빅토리아 시대에는 그림책 디자인과 레이아웃, 금박 테두리, 양각 표지, 영화적 효과를 내기 위해 두 페이지에 걸친 그림 등 삽화가 독자의 독서 경험에 중요하다는 것을 출판사들은 인지하고 삽화에 신경 쓰기 시작했다.
10 Melanie McDonagh, "Where have all the book illustrators gone?", *The Independent*, 2012. 1. 20. https://www.independent.co.uk/arts-entertainment/books/features/where-have-all-the-book-illustrators-gone-6291792.html.
11 https://lithub.com/a-brief-history-of-book-illustration/
12 https://justinpark36.blogspot.com/2016/11/starbucks-red-cup-contest.html
13 15세기 중반, 구텐베르크의 인쇄술 발명은 대중에게 정보를 전달하는 데 중요한 역할을 했다. 인쇄술은 대량 생산을 가능하게 하여 서적과 정보의 접근성을 크게 높였고, 이는 르네상스, 종교 개혁, 그리고 계몽주의로 이어지는 지식 혁명의 기초를 마련했다. 인쇄술이 발달하자 쉽고 빠르게 책을 출판하고 신문을 간행할 수 있었으며, 무엇보다도 대량 생산이 가능하게 되었다. 주로 지식과 정

보를 전달하는 것이 주된 기능이었다. 이 시기에 인쇄된 책들은 지식의 대중화를 촉진시켰으며, 소수 엘리트의 전유물이던 글쓰기를 대중에게 개방하는 중요한 전환점이 되었다.

14 박지윤(2011), 「온라인 뉴스 텍스트의 비판적 이해 과정: 하버마스의 '의사소통행위이론'을 검증틀로」, 『텍스트언어학』 31, 한국텍스트언어학회, 103~122쪽.

참고 문헌

단행본

김산해(2021), 『최초의 역사 수메르: 국내 최초 수메르어 점토판 해독본』, 휴머니스트.
방민호 외(2018), 『고등학교 독서』(2015 개정 교육과정), 미래엔.
서혁·정혜승·김혜정·윤준채·조재윤·류보라·김종윤·이소라·류수경·편지윤(2025), 『문해력 교육 용어 사전: 읽기편』, 사회평론 아카데미.
오미영·정인숙(2005), 『커뮤니케이션 핵심이론』, 커뮤니케이션북스.
윤여탁·최미숙·김정자·정현선·송여주(2008), 『매체언어와 국어교육』, 서울대학교 출판문화원.
이삼형 외(2018), 『고등학교 독서』(2015 개정 교육 과정), 지학사.
이석주·이주행·박경현·민현식·이은희·고창수(2002), 『대중매체와 언어』, 도서출판 역락.
최미숙 외(2023), 『국어 교육의 이해』(제3판), 사회평론 아카데미.
월터. J. 옹 지음, 이기우·임명진 옮김(2018), 『구술문화와 문자문화』, 문예출판사.
Brinker, Klaus (1985), *Linguistische Textanalyse: eine Einführung in Grundbegriffe und Methoden*, E. Schmidt.
Buckingham, D. (2003), *Media education: Literacy, learning and contemporary culture*, Cambridge, UK: Polity.
Coulmas, F. (2003), *Writing Systems: An Introduction to Their Linguistic Analysis*, Cambridge University Press.
Habermas, Juergen (1992), *Theorie des Kommunikativen handelns*, Suhkamp.
Landow, George P. (1997), *Hypertext 2.0: The Convergence of Contemporary Critical*

   Theory and Technology, Johns Hopkins University Press.
Lévy, Pierre (1999), *Collective Intelligence: Mankind's Emerging World in Cyberspace*, Cambridge, Mass: Perseus Books.
Manovich, Lev (2001), *The Language of New Media*, MIT Press.
Ong, W. J. (1982), *Orality and Literacy: The Technologizing of the Word*, Routledge.
PISA (2021), *21st-century readers: Developing literacy skills in a digital world*, OECD Publishing.
Robinson, A. (1995), *The Story of Writing*, Thames & Hudson.
Rose, G. (2016), *Visual Methodologies: An Introduction to Researching with Visual Materials*, Sage Publications.

논문

김아미(2018), 「미디어 '재현'에 대하여」, 『mediary』 2018(3), 시청자미디어재단.
박지윤(2011), 「온라인 뉴스 텍스트의 비판적 이해 과정: 하버마스의 '의사소통 행위 이론'을 검증틀로」, 『텍스트 언어학』 31, 한국텍스트언어학회, 103~122쪽.
박지윤(2025), 「'아바타-자아 상호주석 글쓰기 모델(ASCW)' 개발과 효과 분석: '레디 플레이어 원' 기반 대학생 성찰 글쓰기를 중심으로」, 『사고와 표현』 18권 2호, 한국사고와표현학회, 109~142쪽.
옥현진(2019), 「디지털 미디어 시대의 비판적 읽기」, 『새국어생활』, 29(2), 국립국어원, 47~61쪽.
정현선(2014), 「복합양식 문식성 교육의 의의와 방법」, 『우리말교육현장연구』 8(2), 우리말교육현장학회, 61~93쪽.
정현선(2022), 「[요약문] 오픈넷 미디어 리터러시 4강 - 데이터화 사회의 미디어 교육과 비판적 알고리즘 리터러시」, open net, 2022. 8. 17. https://www.opennet.or.kr/21153
주세형(2006), 「역대 초등학교 1학년 국어 교과서에서 매체 식별 교육 내용의 변천 양상과 국어교육사적 함의」, 『국어국문학』 143, 457~484쪽.
편지윤(2021), 「드라마 텍스트와 읽기의 즐거움: 유튜브 '드라마 리뷰' 채널의 사례를 중심으로」, 『독서연구』 61, 한국독서학회, 191~219쪽.
편지윤(2022), 「AI 알고리즘 기반 텍스트 환경에서 비판적 리터러시에 대한 단상」, 『국어교육연구』 79, 국어교육학회, 37~76쪽.

편지윤·변은지·한지수·서혁(2018), 「복합양식 텍스트의 텍스트성 재개념화를 위한 시론」, 『학습자중심교과교육연구』 18(2), 학습자중심교과교육학회, 493~522쪽.

Buckingham, D., Grahame, J., Powell, M., Burn, A. and Ellis, S. (2014), "Developing media literacy: concepts processes and practices". retrived from https://ddbuckingham.files.wordpress.com/2015/04/media-literacy-concepts-processespractices.pdf

Jeong, H. S., Oh, Y. J. & Kim, A. (2022), "Critical algorithm literacy education in the age of digital platforms: Teaching children to understand YouTube recommendation algorithms", In J. SeftonGreen, & L. Pangrazio, *Learning to Live with Datafication: Educational Case Studies and Initiatives from Across the World*, London: Routledge, pp.153-168.

Jones, R. H. (2021), "The text is reading you: Teaching language in the age of the algorithm", *Linguistics and Education*, 62, 1-7.

Mueller, P. A. & Oppenheimer, D. M. (2014), "The Pen Is Mightier Than the Keyboard: Advantages of Longhand Over Laptop Note Taking", *Psychological Science*, 25(6), pp.1159-1168.

기타

네이버 지식백과의 '팟캐스트' 항목. https://terms.naver.com/entry.naver?docId=3586997&cid=59277&categoryId=59279

박완준 기자, 「"심려를 끼쳐드려…" 소녀시대 윤아, 자필 사과문 올려」, 『엔터』, 2020. 7. 2. https://www.wikitree.co.kr/articles/548305

박혜섭 기자, 「AI 왜 이러나… 온·오프라인 속 여전한 인종차별」, 『AI TIMES』, 2021. 9. 23. https://www.aitimes.com/news/articleView.html?idxno=140527

손샛별 기자, 「'고학력자도 인터넷 가짜 정보에 잘 낚일까?' 실험해 봤더니」, 『서울경제』, 2017. 10. 24. https://www.sedaily.com/NewsView/1OMFFFSLR8

신인섭, 「110년 전 한국 최초의 은행 광고: 대조선은행 창립소 광고문」, 『광고계 동향』 Vol.271, 2013. 10, p.46. https://www.adic.or.kr/journal/column/show.do?ukey=299130

이문영 기자, 「외국인으로 돌아왔다…한국인 소멸지역서 신분 증명하며 '보통의 삶'」,

『한겨레』, 2024. 7. 7. https://www.hani.co.kr/arti/society/rights/1147955.html

임형준 기자, 「"이제 스마트폰에서 벗어날 때 됐다"…저커버그가 야심차게 내놓은 '이것'」, 『매일경제』, 2024. 10. 6. https://n.news.naver.com/mnews/hotissue/article/009/0005374764?type=series&cid=1089399

차유채 기자, 「이강인 사과문에 축구팬들 또 부글부글…"제대로 사과해라" 왜?」, 『머니투데이』, 2024. 2. 15. https://news.mt.co.kr/mtview.php?no=2024021508505027678

한수진 기자, 「휠체어는 탑승불가… 문턱 높은 경기도내 시외·광역버스」, 『경기일보』, 2024. 3. 14. https://www.kyeonggi.com/article/20240313580363

한태봉 기자, 「구글, 유튜브의 폭발적 성장…틱톡으로 망가질까?」, 『뉴스핌』, 2023. 6. 1. https://www.newspim.com/news/view/20230601000939

Melanie McDonagh, "Where have all the book illustrators gone?", *The Independent*, 2012.1.20. https://www.independent.co.uk/arts-entertainment/books/features/where-have-all-the-book-illustrators-gone-6291792.html

Wikimedia Commons ⓒ L1ucas. https://commons.wikimedia.org/wiki/File:Hyperlink_diagram.svg